Cámara de Comercio Ecuatoriano-Americana

al

Excmo. Señor

Fernando G. Rondon
Embajador de los Estados Unidos de América

En agradecimiento por su intervención "Los Estados Unidos y El Ecuador" en el 125avo. Almuerzo de la Cámara, el día 19 de Diciembre de 1.985 en el Salón Los Shyris del Hotel Colón.

Dr Antonio Terán Salazar
Presidente
Cámara de Comercio Ecuatoriano-Americana

Quito, 19 de Diciembre de 1.985

ECUADOR

MARAVILLOSO

MARAVILLOSO

*Una visión inédita
sus tierras, sus hombres, su pasado*

ECUADOR

de su espíritu, y su presente

Prólogo de Germán Arciniegas

Alfonso Barrera Valverde
Alejandro Carrión
Jorge Icaza
Alfredo Pareja Diezcanseco
Galo René Pérez
Angel Felicísimo Rojas
Francisco Terán
Humberto Vacas Gómez
Gustavo Vásconez

Coordinación de Edgar Bustamante

Círculo de Lectores

Redacción y documentación fotográfica: Edgar Bustamante,
en colaboración con Esteban Serra y Gabriel Osorio
Diagramación: Edgar Bustamante
Cubierta, portadillas y mapas: Marigot
Foto cubierta: J. C. Constant

© Círculo de Lectores, S.A. Quito, Ecuador
Depósito legal B. 26327-1978
Compuesto en Diethelm 10, impreso y encuadernado por
Printer, industria gráfica sa   Provenza, 388   Barcelona 1978
Printed in Spain
ISBN 84-499-0028-X

SUMARIO

GERMÁN ARCINIEGAS

PROLOGO

Quien nombra «Ecuador» ya está dentro del misterio de la gran adivinanza: ¿Un país? ¿Una raya? Cuando sólo se pensaba como país, tuvo uno de los nombres más hermosos de nuestra Tierra: reino de Quito. Era —y sigue siendo— el corazón del Nuevo Mundo, de América. Luego llegaron los franceses en el setecientos. Se ignoraba el tamaño de la Tierra y para saberlo debían tomar las medidas de un grado de la circunferencia en la línea equinoccial. La raya quedó trazada. Entonces, el Ecuador vino a ser el centro de la Tierra Por esto lo llamamos así. Para que se vea hasta donde llegan las consecuencias de la adivinanza, ahí nació el metro de cien centímetros, el sistema decimal, el cuento de los kilómetros… El Ecuador dio la medida del mundo.

El reino de Quito fue teatro único de descubrimientos, conquistas y colonias, con tragedias, ilusión y fantasía. Ahí se enfrentaron pecados y virtudes. ¡Qué pecados! ¡Qué virtudes! Donde la mano ensangrentada de un jayán de Extremadura despachó, a traición, a Atahualpa, Mariana sembró una azucena. Allá nació la leyenda del Dorado, con el metal a la vista. Jamás se ha pagado un rescate tan grande —¡y tan vano!— como el de la sala llena de oro —hasta donde alcanzaba la mano— que entregó el monarca para salvar su vida. La perdió: oro de buena ley, contra palabra de mala ley… En cambio, los hermanos de Santa Teresa juntaron ahí mismo pajitas de oro —y esmeraldas de Muzo— para enviarlas a la de las moradas celestes. Sirvieron de nido para el nacimiento de sus fundaciones. Todo esto lo vuelve legendario la imaginación. Pero si usted quiere ver una custodia del tamaño de una catedral, vaya y mire por dentro la iglesia de la Compañía: resplandece en el corazón de Quito más que el cuento de la cueva de Aladino.

Hablando de nacimientos, es lindo llegar a Quito, al Ecuador, en nave aérea del país. En el menú que recibe el pasajero, está Quito pintado por Guayasamín. Un Quito de muros blancos y tejas rojas, entre una canasta de verde fresco, niño: toda la pureza vegetal. A Guayasamín le tientan escenas de violencia sacadas de lo más monstruoso de nuestro tiempo, pero en este Quito vuelve a su candor y verdura infantiles. Y ese Quito (desde el avión se ve así), tiene algo del Toledo pintado por el Greco… Ese Toledo, vuelto ciudad mística, tiene los colores de sus nacimientos, con pañales de nieve y los reyes que llamamos magos. ¡Lo que son las relaciones de las cosas! Toledo y Quito gemelos. Ecuador es el estado más pequeño —recortado sin piedad— donde se ven las mayores grandezas. En Colombia, quien logra juntar un tesoro para mostrarlo sólo en Navidad, tiene un nacimiento de Quito. (A veces con figuras del famoso Caspicara). El teatro demasiado

teatral de los pesebres napolitanos, en Quito es entrañable rincón campesino de cien figurillas en donde el niño es más clavel entre el heno que en Góngora, el burrito más Platero que en Juan Ramón, y las lavanderas y el bobo del pueblo y los jinetes (se mueven entre lagos de espejos) son de la misma calidad de los reyes que llevan el oro, el incienso y la mirra… Curioso: el pueblo que hace estos encantos… es el mismo que a los sesenta años de fundada Quito desafió a la Real Audiencia en la rebelión de las alcabalas… Fue el primero que el 2 de agosto de 1809 dio el grito de independencia en América española (pagando el atrevimiento con la muerte de sus hombres mejores).

No todas las ecuatorianas son azucenas. No todo en Quito es celestial. Por ciertos amoríos en Cuenca, casi termina (y hubo cuchilladas y muertos) la expedición de La Condamine (el más movido relato que se oyó en el París del XVIII, con malicioso condimento académico). Todavía, años después de medida la cintura de la Tierra, una linda ecuatoriana buscaba por la selva amazónica a uno de los franceses, su amor perdido. Cuando Caldas acompañó a Humbolt en su viaje, tuvo a Quito por la ciudad más pecadora. En Ecuador Bolívar se jugó la cabeza y el corazón: subió al Chimborazo (en esa altura, al hombre común le da *soroche*) y el vértigo se tradujo en el delirio inmortal; se acercó a Manuela, y le entregó el corazón. Es la paradoja de la línea equinoccial: donde se juntan las dos mitades de la naranja, para equilibrio del mundo, puede perder el hombre el sosegado ritmo. Duelos como aquel de García Moreno con Montalvo —el dictador que quiso restablecer con El Zurriago el imperio de los jesuitas y el ensayista de los capítulos que se le olvidaron a Cervantes— son duelos que sólo se dan por donde pasa la raya ecuatorial.

Viajé una vez por tierra (ahora rara vez se hace, y nadie sabe lo que se pierde…) de Pasto a Otavalo, pasando los abismos del Guáitara y el Rumichaca. De Otavalo fui a Quito. Conocí entonces las carreteras calzadas por los indios, sentando las piedras con la mayor precisión. El camino venía a ser encaje cuadriculado que envidiarían los adoquineros de París. Los indios, gentes de increíble vigor. Se divertían en las canchas, lanzando pesadísimas bolas, como no serían capaces los gimnastas suecos. Sabían el secreto de las piedras. En Ingapirca se han descubierto unas construcciones singularísimas de los tiempos incaicos: la muralla se desenvuelve en una curva severa, y las piedras rectangulares encajan a perfección. Si el dibujo de la muralla se tendiera sobre los caminos que yo vi, se tendría la imagen de lo que han logrado estos empedradores en «sus» caminos. Los han hecho convidándose para el trabajo en dos o tres días de «minga», para ellos de fiesta. Lo que es suyo lo tratan con cariño. Tuvieron el privilegio que les dio el rey, cuando la colonia, de barrer las calles de Quito. Al amanecer, dejaban sin un mugre plazas y calles. Quito quedaba como tacita de plata.

No he visto ballet de colorido que iguale a la feria semanal de Otavalo. Llegan los hombres con sus ponchos y las mujeres con sus polleras, de colores que sublimizan a las anilinas. Se acurrucan en las plazas. Bailan en los solares al son de sus flautas. Se mueven con pasos menudos, en un meneo fino, acompasado. Y trayendo «sus» imágenes de leguas y leguas a la redonda, se las dejan en préstamo a la iglesia por sólo un día, haciéndoles guardia y devoción. El cura no tiene con qué pagar el breve préstamo que le hacen los indios de una Inmaculada, de un Redentor…
Todo con montañas coronadas de nieve al fondo, —Chimborazos, Coto-

paxis…—, lagunas en donde nace la gana de adorar el agua… Queriendo Humboldt dejar un testimonio de su paso por América, hizo que le pintaran el retrato al pie del Chimborazo. Ahí está la grandeza. La miniatura, en esta estrofilla de Carrera Andrade:

Venado:
tu ojo es una burbuja del silencio
y tus cuernos floridos son agujas
para ensartar luceros.

Ecuador, desde Guayaquil de fuego hasta las nieves, es maravilloso. Sobre todo, como naturaleza, como recuerdo. Tiene paisajes a la italiana, y ya sabemos lo que esto quiere decir. Si están creciendo a la modernísima las ciudades, en el centro de Quito se para el tiempo como homenaje a los siglos perezosos, cuando se entretenían los frailes viendo pintar a Miguel de Santiago, mientras corría el fuego subterráneo. Más allá del tiempo, en las Galápagos, Darwin imaginó el origen de las especies… Es casi imposible hacer, en ese país, la cuenta de las edades. Todo se encuentra, se contradice y sobrepone. En la costa, en Esmeraldas, quienes trabajan en basureros arqueológicos, sacan estatuillas que le están dando nuevas dimensiones al antepasado de América. Con este nuevo grano de misterio se ve mejor la fábula de un país que tuvo como destino quedar sobre la raya que dividió al mundo.

Roma, 1978

JORGE ICAZA

EL HOMBRE EN ECUADOR

Al entrar en el análisis de la urdimbre arqueológica del origen del hombre en el retazo hispanoamericano conocido actualmente como la república del Ecuador, se logra dar con un cúmulo de afirmaciones: su antigüedad milenaria, sus profundas raíces culturales y hasta con ciertas formas atávicas —objetivas y subjetivas— para la integración de su ser y de su existir en el presente.

De acuerdo a la tipología única, distribución geográfica, alta patinización de los artefactos y similaridades de estos con los del paleolítico superior del Viejo Mundo, hay en nuestra América complejos que se remontan a los cincuenta mil años. E. Bonifaz, arqueólogo ecuatoriano, afirma: «En 1942 encontré obsidianas que, de acuerdo a su hidratación, tenían de trece a cuarenta y ocho mil años de antigüedad.» Al referirse a las puntas de dichos artefactos hallados desde Otavalo —provincia de Imbabura— hasta Alangasí —provincia de Pichincha—, nos dice: «La punta en forma de cola de pescado se demoró de cuatro a seis mil años para llegar del norte al extremo sur del continente. De forma que si entró hace unos cincuenta mil años por Alaska, debió llegar al Ecuador hace unos cuarenta y cinco mil años.» Lo más importante en este aspecto es el encuentro de G. H. H. Tate, ayudante del doctor E. H. Anthony, de un fósil humano en la quebrada de Chalán, conocido ahora como el cráneo de Punín, el cual se conserva en el Museo Americano de Historia Natural de Nueva York. Carlos Manuel Larrea, en su estudio «Prehistoria de la región andina del Ecuador», afirma del referido cráneo: «Probablemente su origen es poloasiático.» Sullivan y Hellman creen que «tal vez pertenece a cierto grupo que originó al propio tiempo la raza australoide-melanesoide y la puninoide».

Sobre este fondo profundo entran en juego hacia la integración histórica del ser humano en el Ecuador los orígenes de sus rasgos físicos y psicológicos —para unos originarios de la propia América, para otros procedentes de hordas oceánicas: polinesias, maoríes, australianas, y, para los más, inmigración asiática llegada por el estrecho de Bering—. Similitudes australianas descubiertas por etnólogos; polinesias, valorizadas por ciertos rasgos físicos; culturales de cuna mediterránea, analizadas por historiadores y sociólogos.

La imposición del medio geográfico —cordilleras que dividen en tres zonas diferentes el territorio: costa, altiplano, amazonía—, caracterizó a los grupos humanos primitivos en éxodo de búsqueda hasta detenerlos, sedentarios, en diferentes regiones del país —costa y altiplano—. Focos de antiguas culturas han sido ubicadas por Emilio Estrada. Tres especialmente en la costa —provincias de Manabí y Guayas—: la de Valdivia (3500 años a. de J.C.), la de Machalilla (1800 años a. de J.C.), la de Chorrera (1500 años a. de J.C.). Ellas nos han proporcionado valiosos trabajos de cerámica, de pintura en piedra y en metal, de los cuales es imposible no hablar, por lo menos ligeramente. La Venus de Valdivia —expresión de fecundidad del espíritu humano en todas las latitudes al amanecer su cultura: abstracto simbolismo en unas, amorosas deformaciones en otras, grotescas exuberancias en la mayoría—, cuya ingenua belleza de serena y maternal dulzura, le da un encanto particular y único, no sólo por su antigüedad, sino también por su carácter autóctono —influencias en trance de creación dentro del marco de un paisaje de azul infinito, de sol vivísimo, de manigua impenetrable, al ritmo de un oleaje acariciador de aguas temperadas sobre grandes playas de arenas blancas—. Por el modelado se puede intuir en las pequeñas figuras así llamadas —amorosas, hieráticas e ingenuas formas—, la introvertida actitud del hombre que más tarde treparía hacia el altiplano. Como asimismo en las ánforas de doble silbato —trinar de pájaros por el aire que se expulsa por pequeños orificios gracias a la presión del agua al ponerse en movimiento— se puede hallar el origen de la música regional.

Entre el ir y venir de las gentes del altiplano, recibiendo influencias unas veces, imponiendo otras, llegan a fundirse en organizaciones sociales: *ayllus,* tribus, confederaciones. El *ayllu* nace bajo el imperio del linaje —autoridad del tronco familiar: patriarcado o matriarcado— y es además un paso de lo nómada a lo sedentario. Al dividirse los *ayllus* se forman las tribus que mantienen el dialecto, las tradiciones y las costumbres del *ayllu* primitivo. Poco oportuno sería enumerar los nombres de los *ayllus* —corresponden la mayor parte de ellos a los apellidos de numerosas familias actuales del país— y de las tribus. Es importante en cambio recordar que ciertas formas, actitudes, impulsos, de ese entonces, subyacen —bien o mal aceptados: expresiones orales, sabores subconscientes, valoraciones estéticas, magia secreta— en nuestras formas actuales de desarrollo cultural y social.

Sea como miembro de tribus poderosas o de confederaciones, en el hombre no sólo se arraigó experiencia agrícola comunal, hermandad en la colaboración social, rituales supersticiosos, sino que también se encendió la preeminencia del poder militar.

En tales circunstancias llega y se extiende la conquista de los incas. Sangrienta, larga y difícil les fue la victoria, pero más penosa y resistente la consolidación del imperio. Su hábil técnica de conquistadores —barajar los métodos violentos con destierros colectivos, con importación de

El hombre ecuatoriano ha recorrido una dura senda en busca de su identidad y su destino, pero aún le queda mucho por alcanzar.

El hombre ecuatoriano: crisol de razas

Arriba, de izquierda a derecha: *Indio colorado y hermosa niña de Otavalo.*

A la derecha, *estibadores de la costa ecuatoriana.*

A la izquierda, *mujer hilandera de la tribu Puruhá.*

Abajo, *un brujo jíbaro, en la región oriental del país.*

El ecuatoriano es tan diverso como lo es el entorno en que le ha tocado vivir.

Arriba de izquierda a derecha: *Mujer de Imbabura, tierra de bellos tejidos, y pareja de ancianos de Cuenca.*

A la derecha: *Joven vendedor ambulante en Otavalo.*

A la izquierda: *Músico de Peguche con su hija. Señalemos el gran sentido musical de los indios.*

Abajo: *Muchacha de Cuenca, la tierra de los tejidos de paja.*

Un mundo primitivo donde el hombre lo es todo

masas humanas desde lejanas latitudes a las que llamaban *mitimaes,* con movilizaciones dentro del mismo territorio, con amistad hacia ciertos caciques de la nobleza vencida y con matrimonios políticos— les permitió no sólo el dominio total sino también el robustecimiento del *Tahuantinsuyo* —los cuatro horizontes del mundo— con la unidad de la estructura social, el desarrollo de nuevos cultivos y cría de animales domésticos; la aplicación del sistema decimal; la jerarquización regulada de autoridades; el trabajo colectivo en beneficio comunal —las mingas: costumbre que todavía se la practica, en prove-

cho lógico de la estructura latifundista actual—; la disciplina militar; el establecimiento de un sacerdocio en torno a la adoración del Sol —creencia que muchos de los *ayllus* conquistados la mantenían entre una corte de supersticiones e ídolos—; la escritura para la correspondencia —los *quipus*—; el perfeccionamiento en los tejidos de lana; la orientación hacia eficaces formas terapéuticas, etcétera.

Hay que tener en cuenta que antes de la llegada de los incas, las diferentes regiones conquistadas contaban con el impacto de un mestizaje —sangre y cultura— de diferentes oríge-

nes. En el reino de Quito se han hallado, gracias a investigaciones filológicas —topónimos y antropónimos—, dicciones ancestrales de cayapas, colorados, atacameños, quichuas, araucanos, aymaras.

Pero la conquista española —sangrienta y codiciosa— al imponerse —sin ningún freno moral, religioso, ético, social—, cabalgó cual caballero sobre los vencidos. No se fundió en el primer momento —lo dejó al pausado y caprichoso transcurso del tiempo— con la responsabilidad del hombre como tal para acelerar el proceso histórico. Perturbó la concepción del mestizaje: «cuando se mez-

El duro esfuerzo de este campesino de Otavalo (página anterior),
*para sacarle algún provecho a la tierra,
contrasta con la serenidad y el encanto de una pastorcita
de la tribu salasaca* (abajo).

clan entre sí individuos de razas muy distintas dentro de los puntos de vista antropológico y cultural se producen pueblos de mestizaje que viven durante más o menos tiempo dentro de un gran trastorno general». Para el Ecuador y para Hispanoamérica, el «trastorno general» —tiempo, organización social, vida— se tornó dedálico y trágico. Sólo luego de dolorosos años de conquista, coloniaje e independencia política, el aporte étnico y cultural se pone en claro día tras día, no obstante mantener irresolutos grandes problemas económicos y profundos complejos psicológicos, propios de un pueblo o de un continen-

te en construcción. Al depositar la semilla gozosa de su sangre en la mujer dominada por la fuerza, el español lo hizo por necesidad biológica —con raras excepciones que confirman la regla— y no por amor perpetuable en la descendencia —mestizaje de sangre con padre desaparecido al nacer—. Al mismo tiempo el conquistador —producto de la estructura social de donde procedía— asciende, gracias a la magia de la victoria, a la categoría de amo, señor, encomendero —dueño de vidas y de tierras—. No extermina a los vencidos ni coopera hermanablemente con ellos: les esclaviza para explotarles.

Dirige obras de extraordinario valor arquitectónico —para imponer su religión, su poder, su defensa—, pero deja el duro trabajo de ellas a los vencidos. Por no mancharse las manos —privilegio del caballero feudal— frente a la lucha con la naturaleza —roca, piedra volcánica, barro de pantano, alimañas de selva virgen, ríos traicioneros, aridez de erosión y desiertos— deja a los aborígenes toda la labor agrícola —la propiedad feudal del encomendero que destruye la distribución comunal de las cosechas practicada por el Incario—, sin hacerles partícipes del menor beneficio. Para mantenerles

Presencia viva de Espejo y Alfaro

en pie de trabajo practican la caridad —cristiano derecho a la Bienaventuranza—, del concertaje, del obraje, y, luego, del *huasipungo*.

Se ha dicho que «el mestizaje es un conflicto biológico —debo añadir, "y cultural especialmente"— que sólo se resuelve a la larga». En la complejidad psicológica nuestra, la falta del padre o superego —para imitar o devorar—, debilitó y debilita aún —complejo de inseguridad— el carácter definitivo de la personalidad. Es evidente que no sólo se superpusieron los defectos de las dos razas y culturas, se efectuó también —burlando la vigilancia del conquista-

Arriba: *Eugenio de Santa Cruz y Espejo (retrato de la época) fue la encarnación de todos los atributos positivos del mestizaje. Hijo de un indio y una esclava mulata llegó a ser médico, abogado y periodista.*

A la derecha: *Monumento a Eloy Alfaro en Guayaquil.*

Página doble anterior: *Un grupo de indígenas en día de fiesta.*

dor— la concurrencia de las virtudes, gracias al establecimiento de las relaciones precisas. Es así como el mestizaje, al madurar la colonia dio personalidades de extraordinario valor humano, las mismas que fueron y son la respuesta optimista a la pregunta de muchos sociólogos: ¿Cuáles son en el mestizaje las cualidades o defectos que permanecen y cuáles las que se destruyen? A mi entender, surgen nuevas formas físicas y culturales de tipo intermedio, desarrollándose y engrandeciéndose al ritmo de su integración total y de acuerdo con el juego dialéctico de las necesidades reales del desenvolvimiento histórico.

Un ejemplo de absorbible contenido de las más altas calidades, tanto del conquistador como del conquistado, es el caso de Eugenio de Santa Cruz y Espejo. Personaje múltiple que la historia nos da como algo exultante de la capacidad del mestizaje ecuatoriano. Hijo de un indio, Luis Chusig, conocido en documentos oficiales como Luis de la Cruz Espejo, y de Catalina Aldaz, hija de una esclava mulata a quien el párroco Antonio Aldaz le concedió la libertad y el apellido, constituye la expresión integral de todas las vertientes sanguíneas del mestizaje biológico ecuatoriano como punto definidor de la nacionalidad. Acentúase lógicamente con el convivir existencial de la niñez y de la adolescencia de tan alto personaje —partícipe y observador de las costumbres, usos, emociones, voces, sueños, esperanzas, rebeldías, a los cuales pertenecía y amaba—, la influencia de la educación enciclopédica —orientación occidental en boga—. Se doctoró en medicina, luego en derecho, estudió teología, mientras se enteraba de todo el movimiento científico, filosófico, social y político de Europa —especialmente de Francia—. Al actuar asombró no sólo por su talento, su ilustración, su capacidad, su fuerza convincente, su ironía, sino también por otras virtudes de

El rastro asombroso de lo precolombino

las formas literarias —poesía, prosa, oratoria— el culteranismo y el perceptismo —copias bastardas a Góngora y a Quevedo— en favor de contenido propio y de estilo sencillo —mestizaje cultural— que mantengan la comunicación y el impacto entre todos los niveles sociales.

Por bondad de nuestra historia aquella alta expresión humana —Eugenio de Santa Cruz y Espejo— se ha repetido muchas veces, pero como casos excepcionales o indicios de noble material subyacente que no se ha generalizado —figura y carácter unificadores—, por la estructura feudal heredada de la colonia española (la

nuevo matiz como la clara intuición, la porfía —a veces franca, a veces solapada—, las respuestas explosivas, la constancia en la lucha, el gran amor a la tierra. En su actividad social y política y en sus múltiples obras de carácter científico, polémico, literario, económico, crítico, periodístico, pedagógico, divulgó nuevos conocimientos, buscó el conjunto armónico de las clases sociales, despertó un profundo sentimiento de nacionalidad, trató de destruir todo lo que era privilegio de grupo o clase, amplió las investigaciones científicas, estudió cuanto era útil de explotación y uso en la producción nacional. A más de escritor, científico, panfletario, periodista, fue revolucionario —murió en la cárcel por luchar en favor de la libertad política hispanoamericana—. Fundó la Biblioteca Nacional en Quito y el primer periódico; orientó la medicina social, la Cruz Roja, la higiene pública. Con intuición de crítico sin par atacó en

cual no pudo ser rota ni por las guerras de la independencia ni por las montoneras —guerrillas actuales— del liberalismo de Eloy Alfaro) y por una serie de complejos psicológicos en el capital humano. Es indispensable señalar que la estructura feudal o sus restos en formas solapadas han detenido el desarrollo económico-social, y que las múltiples paradojas

en la dialéctica de la historia han cooperado —desequilibrio psicológico en el hombre— a mantener tal estado de cosas en las clases sociales y en los grupos étnicos de los tres sectores geográficos del país: costa, sierra, amazonía.

Al cambiar de clase social el hombre acelera el mestizaje cultural de acuerdo al dicho popular: «Por la plata baila el perro, el indio se vuelve cholo y el mulato caballero.»

Las condiciones ambientales de las tres regiones del país —clima, altitud, vegetación, topografía— marcan las pequeñas diferencias existentes entre los habitantes del Ecuador. El campesino de la costa, esforzado trabajador que se enreda en los manglares junto al mar, que se hunde en las tembladeras de las sabanas, que lucha a machete con la manigua tropical y subtropical, para extraer la mayor riqueza agrícola exportable del país —cacao, café, caña de azúcar, banano, palo de balsa, arroz, etc.—, se llama montuvio —60 % de indio, 30 % de negro, 10 % de blanco desde la raíz biológica ancestral—. Es de estatura mediana, de cabellera lacia —a veces ligeramente crespa—, de cabeza pequeña, de piel prieta —de acuerdo a la sangre negra que lleva—, de mala dentadura, de tórax ancho, de piernas arqueadas, de lar-

gos brazos, de manos fuertes; es ágil para trepar a los árboles, buen jinete, regular nadador, va ligeramente vestido, y suele liquidar sus problemas amorosos como audaz duelista a machete. Es extravertido, a veces brusco, de hablar deshuesado, celoso hasta el crimen. La mujer en su niñez y adolescencia es hermosa, especialmente por su cuerpo —caderas altas, senos pequeños y duros, movimientos de atractiva vibración sexual—, pero el rudo trabajo, los hijos, la mala alimentación, la marchitan pronto.

Ciertos grupos que lograron y logran emigrar a los pueblos o a las ciudades, se tornaron y tornan en obreros, en burócratas de ínfima categoría de los municipios o de las aduanas y en plaga del comercio de ambulantes; o abastecieron y abastecen el mundo del hampa y del crimen. El mestizaje cultural y las pequeñas oportunidades económicas operan y operaron en buena parte de ellos —aspecto, vestido— al darles enlaces junto al subsuelo del comercio, de la burocracia, de los negocios legales e ilegales —aporte a la clase media—. Al mismo tiempo surgen en esos grupos, por un lado, los pocos casos —definidores de las virtudes tanto de la raíz autóctona como de la occidental sembrada por España—, personalidades que inician una cultura propia —con predominio lógico de la conquistadora—. Al amparo de una rapacidad económica —el contrabando, la exclusividad en la exportación de materias primas, el comercio al por mayor, la banca, las conexiones con las empresas extranjeras— se halla el círculo de quienes manejan una especie de capitalismo en desarrollo, envuelto por la tela de araña de la vieja estructura feudal.

En la sierra, la masa campesina la constituye el indio. Se ha dicho más de una vez que limita con el subhombre por la miseria en que vive, la ignorancia, el abandono, la explotación del latifundismo reinante. Conserva

casi todos los rasgos físicos de sus antepasados: estatura mediana, piel bronceada, cabellera lacia, pómulos salientes, brazos y piernas cortas, rostro inmutable, mirada esquiva. Es silencioso, pacífico cuando está sobrio, violento cuando está borracho, feroz cuando tratan de arrancarle de la tierra. Es buen caminante, al llorar canta. Bajo sus dos o tres ponchos lleva camisa pringosa y pantalones de liencillo. *Hoshotas* o alpargatas son su calzado. La mujer, de caderas estrechas, de ojos rasgados, de pelo negro, se envuelve con una bayeta a manera de falda y con otra a manera de chal, va siempre tras del hombre, descalza.

A pesar de su condición —ética deformada bajo el peso de siglos de esclavitud franca o disfrazada—, el indio mantiene indeclinables virtudes: el amor profundo a la tierra, el entusiasmo por el trabajo comunal —la minga— y su resistencia para sobrevivir. Hace más de cuarenta años denuncié la tragedia de este sector humano —no hay peor sordo que aquel que no quiere o no le conviene oír—; ahora, un equipo de científicos han entrado en contacto directo con aquel mundo campesino. Escuchemos una mínima parte de sus opiniones: «Se ha condenado el genocidio y el etnocidio como delitos por ser la deliberada yugulación de un pueblo, de una raza. Quizás en el Ecuador, sin acción deliberada de nadie, pero posiblemente por omisión flagrante de todos, está realizándose un etnocidio en masa por el "subdesarrollo biológico" del campesino indio.»

Hemos enunciado brevemente —para la sierra, extensible a todo el país— las contradicciones históricas al desarrollarse el mestizaje desde la conquista a la independencia política —formación de una incipiente clase media— con su desequilibrio psicológico —falta de superego sentimental en la aparición biológica—, con el espíritu feudal importado —ninguna cooperación directa en la lucha del trabajo agrícola por parte del vencedor— y con la educación impuesta por frailes y monjas siempre pensando en provecho de las nuevas creencias religiosas para los nativos—. Bagaje que determina en su mayor parte el carácter actual del cholerío de modestos recursos económicos. Poco a poco fue acentuándose en el vestir el gusto y las modas europeas, hasta convertirse en uno de los agentes del mestizaje cultural —así inicia su acholarse el indio de los páramos que desciende a las ciudades—. Los rasgos físicos del conquistador han tomado igualmente una cierta preponderancia en la estructura biológica. Por otra parte el idioma impuesto no ha podido librarse de cierta concepción propia, de los múltiples términos geográficos, de los diversos tonos regionales, de los diminutivos dulcificantes del espíritu autóctono, que lo han enriquecido.

El odio de la lucha, la codicia de la victoria y la imposición del coloniaje —pasiones irrefrenables de los primeros momentos—, diluyeron las virtudes de las dos culturas al chocar. Años más tarde surgió la excepción —florecer de calidades afirmativas, posibles y definidoras del futuro personaje hispanoamericano—, con el ejemplo de Eugenio de Santa Cruz y Espejo y otros casos aislados. La gran mayoría de la población en cambio se mantuvo y se mantiene dentro de un paradójico desequilibrio espiritual que opera negativamente en todas las facetas de la vida económica, cultural, política, social. El caso de «El Chulla Romero y Flores» —novela, 1958—, hombre de clase media, nos habla de quien trata de escalar una clase social económicamente superior con engaños y mentiras y poniendo bajo secreto el desacuerdo íntimo de sus dos sombras ancestrales —mama Domitila, símbolo de cultura nativa, y Majestad y Pobreza, símbolo de la cultura conquistadora—. Al sentir el dolor, al comprender la terrible injusticia de que es objeto, operan en él nuevos impulsos desde el fondo de una oportuna y definitiva calidad humana —sorpresiva tal vez—, y le obligan a sentir a sus dos sombras como raíces iguales, queridas y profundas, para que se pongan de acuerdo en sus contradicciones tomadas como vergüenzas.

La devoradora selva de la amazonía, ha mantenido y mantiene grupos humanos que perduran en su estado salvaje. El hombre se escurre entre la floresta semi desnudo. Se alimenta de la caza, de la pesca, y de frutas y raíces silvestres. Subsisten tribus —yumbos, jíbaros, aucas, etc.—. Sus armas: la flecha y la cerbatana. Son pacíficos en su mayoría. No por eso dejan de ser de cuidado. Hay expertos disecadores o momificadores de cabezas humanas, reduciéndolas al tamaño de un limón —las llamadas *tzantzas*—, ahora hábilmente falsificadas para el turismo. En lo primitivo y feroz se tropieza en la amazonía ecuatoriana con grupos de antropófagos: los aucas. Hace pocos años, la prensa mundial —altavoz del sensacionalismo—, divulgó la noticia con todos sus detalles —fantásticos unos, reales otros—, por tratarse sin duda de víctimas norteamericanas en la macabra aventura. La verdad es que cinco pastores protestantes del gran país del norte se decidieron internarse en la selva en busca de aquellas almas perdidas con el fin de cristianizarlas. Los aucas recibieron a los visitantes, y, luego de tomar como aperitivo la primera lección bíblica, devoraron uno a uno a los confiados misioneros. El escándalo publicitario no comentó los sucesos posteriores, ni nadie ha podido explicar el asombroso resultado, pero quizá por la burla sádica de algún indigesto tótem o por los prodigiosos resultados del mestizaje biológico-cultural, el caso es que los aucas no volvieron a comer jamás carne humana.

GALO RENÉ PEREZ

QUITO Y SU ENTORNO

La ciudad de Quito tiene dos rostros, de rasgos perceptiblemente distintos, con gestos, aire, y quién sabe qué reacciones colectivas íntimas, marcadamente diversos. El un rostro es de la urbe antigua, ahora cuatro veces centenaria. El otro es de la capital moderna, que bulle y jadea y trata de conquistar, airosamente, las sinuosidades periféricas y las praderías cercanas.

El primero de ellos es el raramente valioso, el atractivamente caracterizado. Y es porque ese Quito de antaño, reclinado en la parte céntrica de su área total, encierra más de una armonía en medio de su aparente desorden arquitectónico. Fácil es advertir, en efecto, el enlace fraterno y la relación coloquial que hay entre esta parte de la urbe y el paisaje que la circuye. Las cúpulas, las torres y los tejados riman con las colinas, los riscos y las tajaduras de la sierra cercana. Los fríos y altos muros conventuales reproducen, a su vez, la imagen de los interminables paredones andinos. Parece que consuenan asimismo, en la transparencia del aire, los ángulos iguales de la cumbre del Pichincha, de los campanarios de la iglesia franciscana y de la capucha puntiaguda de sus monjes.

El alarife y los albañiles quiteños de otra época, con un apego instintivo a su paisaje, y tan pacientes como humildes, fueron creando una ciudad que no es sino el milagroso reflejo de la naturaleza que la enmarca. Esta ha sido quien se ha proyectado, con indiscernible poder, sobre su fisonomía y carácter. Por eso la legitimidad del nacimiento de Quito, lo de veras auténtico de su personalidad, y aquello que guarda

Vieja calle quiteña. Al fondo «El Panecillo», coronado hoy por una polémica virgen de estilo legardiano.

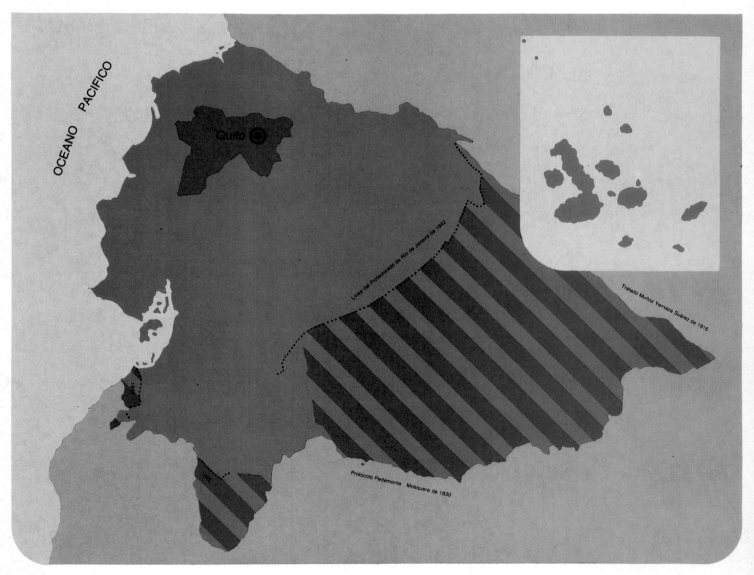

San Francisco o El Escorial del Nuevo Mundo

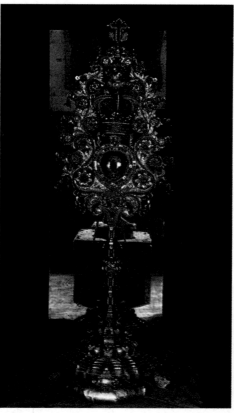

Se hizo de esta capital un vasto convento. Las torres con el peso de sus campanas. Las calles con el peso de sus escurialenses muros de piedra. Las gentes con el peso de sus remordimientos y temores. El alma se doblegaba para la oración y el estudio.

San Francisco

La primera obra arquitectónica de magnitud que se levantó fue el monasterio de San Francisco, respuesta a los esfuerzos de un monje humilde y laborioso, aunque de noble origen —primo del emperador Carlos V—: Fray Jodoco Ricke. Había nacido en

de la ciudad de Quito. Sometidos éstos a los cánones y modelos españoles, no les quedó más que imitar los rasgos de una cultura confusamente renacentista, que difería de las otras europeas, de tan acentuado helenismo.

La arquitectura, la talla, la escultura y la pintura coloniales de esta ciudad fueron cosa trasplantada de la península Ibérica. El clero, decidido a educar, y a debelar también toda tentativa de regreso a las tradiciones indígenas, fue enseñando las artes; trajo maestros de Europa e importó telas sagradas. Tuvo un instrumento de enorme eficacia: la fe. Nuestros trabajadores, entre las mordeduras de muchas penurias, inhibiciones y pesares, aceptaron como única compensación ilusoria la felicidad de ultravida. El cantero que golpeaba en la piedra del templo guardaba la esperanza de que el eco de su nuevo amor espiritual llegara a los cielos; el tallador que pu-

lía y doraba los retablos creía que doraba su propia ventura del más allá, e igual convecimiento adiestraba la gubia y el pincel que se afanaban en el ornato de las naves de la iglesia. Durante más de dos centurias el fervor religioso tiranizó las concepciones estéticas. Muestras abundantes de ello se concentran en Quito, que llegó a convertirse en verdadera capital del arte hispanoamericano de entonces. La mano del picapedrero, del albañil o del artista anónimo no cumplía otro designio que el de servir al culto católico. Y Manuel Chili —Caspicara—, Bernardo de Legarda, Pampite, Miguel de Santiago, Nicolás Javier Goríbar, Manuel Samaniego, con tantos otros, sacrificaron lo más sustantivo y acaso nunca revelado de su capacidad, para trabajar dentro de la corriente monástica que señoreaba el ambiente.

Las órdenes religiosas establecidas en Quito multiplicaron los templos.

Fachada de la iglesia de San Francisco (abajo), *una de las obras cumbres de la arquitectura hispanoamericana.*
Este monumento colosal se levantó gracias al tesón de un grupo de flamencos, entre los que se destaca fray Jodoco Ricke.
Página anterior, de izquierda a derecha: *Púlpito y custodia de San Francisco.*

Gante. Había navegado el Atlántico. Y en una fecha de 1534 se había descolgado del norte de la América española hacia la naciente villa quiteña. Traía consigo el trigo que hizo alborear nuestro primer pan de cada día. Llegó el fraile con dos alarifes: Germán y Jácome. A éstos y a dos indios —fray Juan de la Cruz y el Morocho— los entregó en seguida a la empresa de hacer levantar el primer gran monumento religioso hispanoamericano. Destinó a ello el enorme terreno en que el inca Atahualpa había tenido un grupo de moradas para su solaz. Comprendía una superficie de más de treinta mil metros cuadrados. Espacio suficiente para todo lo que fue construyéndose en el lento decurso de más de un siglo: tres iglesias, siete claustros, un hermoso patio florido y el dilatado atrio frontero, cuyo pretil es, por su armonía y la gracia de su ubicación sobre el plano inclinado del vasto recuadro de la plaza, uno de los de mayor encanto en el mundo. Se ha comparado a este templo con el Escorial, acaso por la austeridad majestuosa de sus muros. Pero si se advierte bien la composición de su estilo se le descubren ingredientes del barroco italiano. La escalinata central, que dibuja un círculo impresionante, es elemento principal en este conjunto arquitectónico.

Los interiores, en que destellan el oro y la plata, y que también son la apoteosis del barroco, guardan un tesoro invaluable: cuadros de Miguel de Santiago y de Samaniego y esculturas de Bernardo de Legarda y de Caspicara. La Inmaculada de Legarda —una de las realizaciones más cabales del arte colonial de nuestros países— se halla en el retablo mayor de la iglesia, haciendo digna compañía a los trabajos escultóricos, perfectos hasta en la nimiedad del detalle, de Caspicara.

El genial Manuel Chili, conocido como Caspicara

Caspicara

Ni la firma ni alguna seña destinada a identificarle se encuentran grabadas en buena parte de las obras de aquel indio quiteño del siglo dieciocho. Así parecía desdeñar él, que tantos derechos tenía sobre la posteridad, y que vio crecer en su torno un colmenar de discípulos e imitadores, todo alarde personal que pudiera malentenderse como desahogo de vanidades o de persecución premiosa de la fama. Caso ejemplar es el suyo. Su arte es tan universal, en la maestría de la ejecución, como el de las figuras que ha ido consagrando la

historia del mundo. No se olvide que sirvió al gran escritor argentino Ricardo Rojas para explicar uno de los conceptos de su teoría euríndica. Muchos Niños, Vírgenes, Cristos, Apóstoles, Santos y grupos religiosos esculpidos en madera; algunas tallas profanas, y miniaturas labradas escrupulosamente en marfil, todos ellos de Caspicara, están dispersos en templos de la sierra ecuatoriana y en museos públicos y colecciones privadas. No importa la ausencia de firma. Son tan únicos en la proporción de sus figuras, la animación de sus rostros, la expresividad de sus ademanes, la soltura natural

de sus movimientos, el cuidado del detalle, que al ojo perspicaz no se le hace imposible reconocer lo que ha procedido de Caspicara, ni tampoco lo que ha sido creado bajo las líneas directrices de su taller.

Otros templos y conventos

Una antigüedad asimismo respetable tiene la catedral quiteña. Se la levantó en apenas un trienio —de 1562 a 1565—. Aparte su colección de arte, suelen imantar poderosamente la atención del viajero el pretil catedralicio que da a la plaza principal de la ciudad, y desde luego las piedras de su arco o templete de Carondelet, que parece que se hubieran acompasado como las palabras en el lenguaje cadencioso de la lírica. Este trabajo se hizo dos siglos después que el de la iglesia, como si el tiempo transcurrido no hubiera alcanzado a debilitar ese tesón de gloria arquitectónica que animó a los constructores del Quito colonial.

Lapso igualmente extenso, como de centuria y media, fue también necesario para hacer de la Compañía de Jesús una de las conquistas mayores del barroco hispanoamericano. Difícil resulta decir qué es más admirable en ese monumento religioso, si

El fabuloso arte colonial

sus retablos de oro, si las tallas de sus imagineros geniales, si los dieciséis lienzos de los profetas de Goríbar, o si su fachada churrigueresca, en donde el picapedrero indio domó y dulcificó la piedra hasta labrar en ella con la levedad y el primor que el pulgar del artista en la docilidad de la cera.

Y tan grande es la suma de iglesias y conventos que se fueron levantando en el período colonial, que éste no es el lugar apropiado para ensayar una descripción de todos ellos ni para abundar en referencias históricas o en el encarecimiento de sus atributos arquitectónicos y de la jerarquía estética de sus colecciones. Quito es, y seguirá siéndolo para la contemplación inteligente, como un museo de arte, caprichosamente distribuido en su centro urbano, de los tres siglos de dominación hispánica. En la enunciación que aquí se ha hecho de aquellos sus monumentos religiosos se estarán echando de menos algunos cuya omisión nadie querría sin duda perdonar: Santo Domingo, con su fachada y su arco que dan la impresión de haber saltado más bien de la seductora inspiración de un pincel; con sus claustros de tipo renacentista; con sus esculturas del padre Carlos y del

toledano Diego de Robles; con sus cuadros del primer pintor que tuvo Quito —el padre Bedón—, y especialmente con aquél de la virgen mestiza que ofrece la redondez plena de su pecho al hijo recostado levemente en el regazo. Luego, San Agustín, con su torre en forma de una inmensa campana, puesta en lugar de la que le echaron abajo los terremotos; con su patio de piedra y sus arcadas, de las que penden grandes lienzos del más admirable pintor de Hispanoamérica en el siglo diecisiete: Miguel de Santiago; con la Sala Capitular de su comunidad, ahora ya consagrada por la historia, pues que allí firmaron los patriotas quiteños el documento declaratorio de independencia —el primero en el continente— del diez de agosto de 1809. Después, el convento de la Merced, que es quizás el de más indescifrable encanto, con su torre erguida airosamente; con sus cúpulas, trazadas con el mismo compás de las lomas que se le aproximan; con sus Legardas, Caspicaras y Sa-

El museo nacional de arte colonial se fundó en 1914, siendo ministro de educación Manuel M. Sánchez. La casa que hoy lo alberga (a la izquierda) fue del marqués de Villacís.

Página anteior: *Santa Rosa de Lima, de Bernardo de Legarda, siglo XVIII. Museo de arte colonial.*
A la izquierda: *Figura de un nacimiento, anónimo, siglo XVIII.*
Abajo: *Virgen de la luz, de Manuel Chili (Caspicara), siglo XVIII. Museo del Banco Central.*

que ser lo que ha sido siempre: una evidencia de la quietud, de la maceración lenta, de la cohesión y la profundidad.

El clima sentimental de la población no podía menos de acordar también con tales realidades. ¡Y quién sabe si, además, lo que hay de sangre india en aquélla no ha venido ya cargado de las congojas, de las dudas, del escepticismo que comenzó a soplar en los corazones desde la expiación de la gloria aborigen! El enclaustramiento geográfico y el aire de sus viejas moradas y de sus calles tortuosas, estrujadas, incapaces del soberano impulso de la línea recta,

acaso no hicieron sino agravar la natural disposición melancólica de Quito. Hasta la *t* de su nombre parece que pone una cruz en su frente.

Y aquella personalidad ya antigua de la urbe muestra una suprema obstinación de permanencia. Quito es de esas ciudades que, en el decir de Ortega y Gasset, han sido construidas para siempre. Las aspiraciones de modernidad que han llegado hasta ella se han desengañado en su porfía de alterar ciertos sectores del centro y del sur. Por eso, cuando un nuevo edificio ha conseguido levantar por allí su petulancia de agigantados contornos, ha quedado él

maniegos; con la armoniosa arquería de sus dilatados corredores; con su tazón de piedra presidido por Neptuno; con la austeridad de sus muros y la majestad de sus escaleras; con los tesoros artísticos de su celda del padre Calderón de la Barca; con su retablo central, en donde la Virgen parece rutilar entre perlas y gemas talladas; con su biblioteca y sus archivos. Y, por fin, el diminuto santuario de Guápulo, como colocado por una mano sensitiva en el fondo más luminoso del cascarón de las montañas.

El hechizo de lo permanente

Ahora bien, este Quito de ayer, estacionario y preponderantemente conventual, que se halla entre las lindes del centro y una parte sureña de la ciudad, tiene un alma propia, determinada por las condiciones urbanas y la actitud vigilante de sus cerros. Podría decirse que hasta el sol que la alumbra —prisionero del paisaje— oscila como un péndulo que pugna en vano por liberarse de los ramales andinos. Y su cielo, que parece recortado justamente hasta el filo de las sierras, deja la impresión de que sufre los cambios atmosféricos en una como tensión inmóvil. Por eso el núcleo capitalino tenía

33

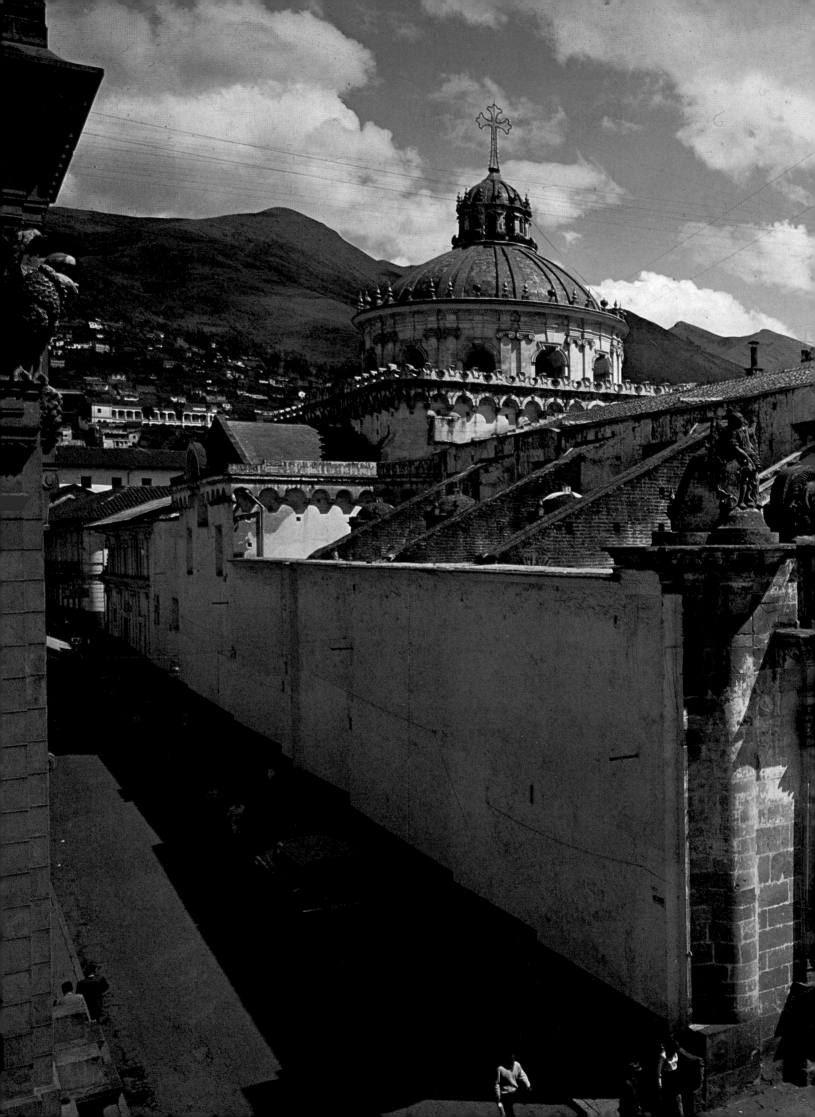

Página doble anterior: *Fachada y cúpula de la iglesia de la Compañía,
en Quito, joya del arte colonial y testimonio
del influjo social que ejercían los jesuitas en el siglo XVII.*

La nave central de la iglesia de la Compañía (página anterior), *cuyo retablo mayor, al fondo, fue dorado por Bernardo de Legarda.*

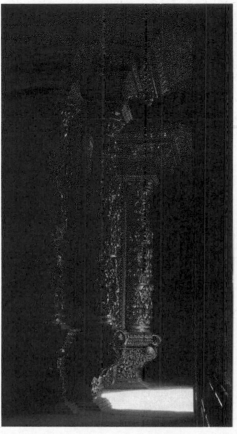

Mampara de la iglesia de El Sagrario (a la izquierda) *y sala capitular del convento de San Agustín* (abajo), *obra realizada entre 1741 y 1761.*

sonando como un escándalo, mientras las construcciones vecinas, amantes de la chatedad de otrora, parece que se recogieran en su torno para maldecirlo en voz baja.

Una ciudad con tan acentuados caracteres tenía que ser, y lo ha sido, tema frecuente de la literatura y el arte. Los escritores le han dedicado, en verso y en prosa, rapsodias de amor y de añoranzas. Los compositores han hecho de los rincones de la ciudad, y de los sentimientos de su pueblo, nacidos del trato cotidiano con los anhelos y las desesperanzas, un lugar común de sus mejores melodías. Los pintores, por su parte,

con la callada elocuencia de su lenguaje, han ensayado también una definición de aquélla, presentándola en una red de líneas y colores que ha solido aprehender, además, la atmósfera anímica que le es habitual. Las peculiaridades de su imagen exterior y de su personalidad íntima han conseguido cobrar vida, en efecto, en superficies donde la pintura ha movido febril y armoniosamente la musculatura de sus colores.

Pocas ciudades se habrán multiplicado como la de Quito en la mancha pictórica, en el retrato de sus callejas, cúpulas, muros y techumbres. Hay de veras una seducción típica-

Iglesias y conventos: el gran tesoro quiteño

mo el corazón y la pupila de los que saben mirarle.

La ciudad en el arte

Un testimonio que se ha renovado a través de no pocos decenios se ha quedado vibrando en lienzos a los que les congrega la identidad del tema de Quito, aunque su inspiración, su técnica y la jerarquía de sus atributos admitan las más acentuadas disimilitudes. ¿Quién no habrá de advertir, por ejemplo, el abismo de diferencias que separa a las obras presentes de las que se pintaron otrora bajo el mismo arranque temá-

tico de la ciudad? Los artistas de la centuria anterior y de comienzos de la actual colorearon el pincel con el ademán risueño del romanticismo, lo iluminaron deleitosamente con matices vivos, que parece que se satisfacen a sí mismos en la superficie del cuadro. Trasladaron la mancha alegre del sol a los patios floridos, a la arcada de los corredores, a la línea rítmica, casi un movimiento musical, de las escaleras. Buscaron los azules más azules, más puros e ingrávidos, para que el cielo del paisaje fuera un sueño de mansedumbre y de esperanzas. La ciudad, en el duermevela de un imperceptible

mente quiteña a la que ha tenido que ceder la mano del artista, en el decurso de más de un siglo. Se puede pensar que la topografía sinuosa, que se levanta por todos lados airosamente, y que pone a balancear las casas hasta en los sitios más altos, a manera de nidos en su rama, ejerce un poder irresistible sobre la emoción y la conciencia de un buen número de pintores oriundos de Quito, o aposentados en el cuenco de su mano cariñosa. Esta urbe y sus contornos, sea cualquiera el lugar que ocupen en el reino de las predilecciones personales, forman un medio nada común, que imanta por lo mis-

Página anterior, de izquierda a derecha: *Portalón del convento de El Carmen y patio del claustro principal de La Merced.*
Abajo: *Vista de la Catedral de Quito desde el palacio de gobierno.*

desarrollo, no les impedía una contemplación bucólica, y por ello la retrataron entre montañas paternales y valles que se tendían con dulzura. A veces no se resistían a la tentación de inventar por allí un río sin nombre ni geografía y algún puente cargado de zarcillos de rosas. Inocencia de otros tiempos —sin duda ajena a cualquier gesto de dramaticidad— que no dejaba que se lastimara el cuadro con ninguna alusión gráfica a la pobre y desvencijada vida popular.

Los pintores modernos, en cambio, con las excepciones que todo caso supone, adoptaron una actitud más real: más áspera y dolorosa por lo mismo. Topando con imágenes ruinosas y sombrías los pinceles comenzaron a gruñir en la mano del artista. Ahuyentaron a los colores plácidos del sesteo romántico. Echaron abajo el naipe encantado de aquella ciudad de antaño. El mundo que tenía el pintor frente a sí había cambiado. Ya no se le mostraban ni los cielos urbanos ni los valles aledaños como un amoroso regalo para la inspiración. Los cerros de Quito comenzaron a parecerle más cercanos y agresivos, cual si levantaran, en desafío, la reciedumbre de su rocosa armadura de gigantes. Desde entonces se hizo más evidente y nítida la fuerza autoritaria del paisaje. El más conocido de los poetas ecuatorianos llamó a Quito capital de las nubes. Pero los más conocidos de los pintores contemporáneos de este mismo país la han definido de un modo muy diferente, al reproducirla en el fondo de la oquedad andina.

La invasión del cemento

Todo ese tipismo de la urbe quiteña se ha ido desvaneciendo a medida de su crecimiento, en los últimos años. Esto significa que las construcciones modernas, que han ido ga-

La convivencia del ayer y el presente

nando los sitios antes desiertos del declive de algunos de sus lomazos, además de la perspectiva abierta del norte y los valles vecinos, ya no guardan la geometría tradicional, tan conmovedoramente mimetizada con el paisaje. Los edificios se han ido despojando de su techumbre de teja y de su alero taciturno, protector de las lluvias y los soles. Se han disparado hacia la altura con sus frías estructuras de hierro y cemento. Han formado compactas escuadras de gigantes en las nuevas zonas de viviendas colectivas. Las avenidas han venido a establecer contraste con la caprichosa gesticulación de las calles del centro. Y, con el auxilio de sus vías elevadas o pasos a desnivel para el tránsito, han permitido la urgente, multitudinaria y trepidante circulación motorizada.

Hacia el futuro

Quito, con un número de habitantes que tiende con celeridad hacia el millón, ya no es la que fue hace pocos decenios. Su progreso urbanístico se ha visto corroborado por el fortalecimiento educativo e intelectual. La Casa de la Cultura Ecuatoriana ha expandido notablemente la irradiación de sus labores con un dual sentido, académico y popular. Y, como era lo obligado, también han ido cobrando impulso los más varios órdenes de la producción industrial: el de alimentos, bebidas y tabacos, el textil, el de elaborados químico-farmacéuticos, el de artefactos plásticos y de cuero, el ya tradicional de ebanistería y tallados, el de montaje de automotores, cocinas, refrigeradoras y lavadoras, el de la construcción. Ese desarrollo ha atraído poderosamente la inmigra-

Calle de La Ronda, en el Quito colonial (a la izquierda), *y el nuevo edificio del Banco Central* (a la derecha) *inaugurado el 10 de agosto de 1968.*

La capital ecuatoriana, una urbe con personalidad

ción de los campesinos. Se debería casi asegurar que la población de la ciudad ha aumentado en un 200 % en el lapso de los últimos veinticinco años. Hasta el escenario natural parece haber dilatado sus horizontes, porque desde los nuevos centros urbanos, constituidos en miradores por la graciosa indocilidad de su topografía, la vista se extasía en la contemplación de nevados, montañas y serrezuelas: el Cotopaxi, de 5897 m sobre el nivel del mar; el Cayambe, de 5900 m; el Illiniza, con sus dos puntas piramidales, de 5763 m; el Corazón, el Rumiñahui, el Pasochoa, el Sincholagua.

La ciudad de ahora parece estar haciendo rumbo con firmeza hacia un futuro más vivo, digno y placiente. Pero eso mismo invita a volver los ojos hacia el pasado de ella, a fin de admirar también sus orígenes, que le han dado la solidez necesaria para lo que ha ido siendo, lo que es y lo que tendrá que ser entre las capitales

desparramadas en el recinto colosal de la América hispana.

El peso de la historia

Quito es en verdad un nombre con mucha historia. Centurias de existencia han labrado los trazos singulares de su personalidad, desde la época lejana en que varias tribus del territorio del Ecuador entretejieron ya sus aspiraciones comunes en el viejo telar de la patria, para formar el reino de Quito. En el período climatérico de la conquista española —polvo, sangre, lágrimas y coraje— la ciudad había llegado a ser el núcleo vital del imperio de los Incas. Hay numerosos testimonios sobre los alardes heroicos con que la defendieron el indio Rumiñahui y sus doce mil guerreros, obstinados en impedir a Benalcázar la fundación hispánica de la que habría de ser la capital de este país.

La fundación se realizó al cabo, el 6

de diciembre de 1534. El hecho quedó registrado en la Crónica de Pedro Cieza de León, con palabras que quizá son la primera apología conmovedora de este lugar. Se dice allí que, «en nombre del emperador don Carlos, nuestro señor, siendo el adelantado don Francisco Pizarro, gobernador y capitán general de los reinos de Perú y provincias de la Nueva Castilla, año del nacimiento de nuestro redentor Jesucristo de 1534 años», fue fundada la ciudad en «sitio sano, más frío que caliente». Iba a estar la urbe «arrimada a unas sierras altas», como en los viejos tiempos. Y en medio de una tierra fértil, con «bastimentos de pan y legumbres, frutas y aves».
Para entonces ya se erguían ahí las moradas de los antiguos señores —los indios—: «casa de piedra con techo de paja». Y también sus muchos y fastuosos templos que habrían de causar asombro a los españoles.

El descubrimiento del Amazonas

A partir de esa empresa hispánica, Quito fue alcanzando importancia de las mayores en América. Se convirtió en uno de los centros mejor poblados y activos de la Colonia. Suyo fue el episodio más ingente de las aventuras en tierras americanas: el descubrimiento del Amazonas. Los cronistas dejaron que el tema imantara su pluma. Había tanta peripecia que narrar. Tantas agonías. Tantos heroísmos callados, fecundos. Se multiplicaron las relaciones, los comentarios y las alusiones. De allí surgió sobre todo la Crónica del fraile dominico Gaspar de Carvajal, que fue testigo presencial porque se halló entre los cincuenta que acompañaron a Francisco de Orellana, el descubridor. Apartadas las referencias puramente fantásticas —que sí las hay en el texto pero en número muy reducido—, la obra de Carvajal es un documento inestimable para

El pueblo y sus más arraigadas diversiones

tener información prolija de la aventura amazónica, del extraordinario estado de prosperidad de muchos pueblos del oriente ecuatoriano, ahora desaparecidos, de la condición hospitalaria de algunos de aquéllos, de las riquezas del suelo, de los esfuerzos apenas imaginables de aquella gente que se internó en la selva, e improvisó sus embarcaciones (fabricando hasta los clavos en los sitios del itinerario), y que navegó ríos desconocidos que le condujeron hasta el Atlántico. Pero la Crónica de Carvajal es útil además para salvar a Orellana de las acusaciones de traición que estableció contra él Gonzalo Pizarro, organizador y conductor de la empresa del descubrimiento del Amazonas, cuya culminación se le fue de las manos por los azares de la misión exploradora que él mismo confió al osado Orellana.

El descubrimiento del Amazonas, del río-mar (camino de planeta lo llamó el poeta Neruda), del río de Orellana, del río de Quito, fue superior en conjunción de asperidades y hazañas a muchos acontecimientos de la historia americana. Aquél no tiene los rasgos ilusorios del mito o de la leyenda apócrifa con que generalmente intenta fortalecerse la vanidad de los pueblos. Se yergue, al contrario, sobre documentos veraces. Y es un ejemplo de la máxima virilidad, del coraje más templado y constante. Partieron los expedicionarios de la ciudad de Quito. Cuatro mil indios iban con los españoles. Viajaban hacia regiones inhóspitas, con los fardos sobre el lomo dolorido. Se alejaban entre el llanto pasmado de sus familias humildes. Para convertirse en los Ulises de ríos tempestuosos. Pero su condición, a la verdad, era distinta de la del Ulises de la leyenda homérica, porque éste tornaba hacia la lumbre acogedora del alero nativo, mientras que los indios de la vieja ciudad de Quito se alejaban del chozón cariñoso y de los brazos de los suyos sin la esperanza de volver un día.

El sacrificio no pudo ser más generoso. Fueron desafiando páramos y ventisqueros. Ventisqueros y ríos. Ríos y selvas. Soportando los aguaceros andinos y la bruma y los peligros del aire enrarecido. Cien aborígenes se quedaron petrificados en los pasos de la puna de Papallacta y Guamaní. Testigos mudos de una empresa que el país no podría olvidar. El valiente capitán español Gonzalo Pizarro, gobernador de Quito, que había iniciado aquella expedición en marzo de 1541, llegó hasta el río Coca. Ahí esperó en vano el retorno de Francisco de Orellana y sus cincuenta compañeros que rumbearon por ríos desconocidos en demanda de vituallas. Pizarro volvió a Quito al cabo de dos años, tras haber sufrido las peores penalidades entre los bravos tentáculos de la selva. Sólo ochenta españoles —de los quinientos que partieron de la ciudad— habían logrado regresar con Pizarro, y tan pobres y desmedrados como él. Orellana, por su parte, navegó el Coca, salió al Napo, pasó al Curaray, y el doce de febrero de 1542 dio en el Amazonas, que se convertía de ese modo en la llave fluvial del Ecuador al Atlántico, en su paso directo a Europa. Quito, vertiente humana y económica para el gran descubrimiento, pasaba a ser automáticamente, por derecho de tan ejemplares sacrificios, la dominadora de las vastas, y hasta entonces ignotas, comarcas orientales.

La emancipación

Por otra parte, la ciudad no dejó de desarrollarse culturalmente en las penosas centurias de su período colonial. Y ello explica que pudiera generar en los años matinales del siglo décimonono otro acontecimiento de relieve histórico: la primera revolución emancipadora de Hispanoamérica. Los patriotas quiteños

El compromiso de ser el centro de la Tierra

del 10 de Agosto de 1809 dejaron que su conciencia madurase bajo las ideas iluministas del setecientos y el ala espiritual del primer filósofo notable de este país, el indio Eugenio Espejo. Sin su docencia y aquella base ideológica su decisión subversiva contra la Corona, aunque habría sido significativa, no hubiera tenido la forma acabada, plena, que la convirtió en el primer intento continental de independencia perfectamente definido. En verdad había habido pronunciamientos revolucionarios anteriores. Acaso desde la actitud arrogante de Gonzalo Pizarro. Pero ni los más nuevos descubrieron una estructura tan sólida, tan inteligentemente forjada al auxilio de los principios de la Ilustración, como aquel movimiento.

En los dos episodios memorables que aquí han sido aludidos tan brevemente se echará de ver la consistencia que fue adquiriendo la personalidad de Quito, cuyos efectos pue-

Página anterior de izquierda a derecha: *Monumento a la Línea Equinoccial,*
muy cercano a la ciudad de Quito,
y estatua del mariscal Sucre, gran héroe de la independencia.
Inmediatamente abajo: *Una sala del museo del Banco Central.*
Abajo del todo: *Museo Osvaldo Guayasamín, en Quito,*
muy importante en arte precolombino y en la obra
del propio Guayasamín.

den ser aún pulsados en su porfía presente por una grandeza mayor.

Pichincha y sus pueblos

Incompleta quedaría desde luego esta imagen suya si no apacentáramos también la mirada en el ámbito campesino que la circuye y que es parte de la provincia homónima de su montaña tutelar, el Pichincha.

Allí mismo, en efecto, a pequeñas distancias de Quito, y tendidos al pie de la cordillera como en intemporal reposo, o escondidos melancólicamente en el yacijo de sus valles, hay decenas de pueblecitos, ninguno quizá desemejante del otro: Nayón, Carapungo, Guápulo, Cumbayá, Tumbaco, Pifo, Yaruquí, Tambillo, Uyumbicho, Pomasqui, San Antonio, Puéllaro, Atahualpa, Calacalí, y otros de nombres igualmente mágicos y sonoros. Algunos parecen blancos rebaños pastoreados por el lebrel de sus ríos. Evocar a cual-

Los indios colorados se pintan el rostro y el cuerpo con sustancias vegetales y el cabello lo tratan con una pasta compuesta de leche de sandi y achiote que forma un casco protector contra la lluvia.

quiera de ellos es traer al alma la representación genérica de todos. La misma sensación de duermevela, de bostezo infinito, de tiempo que se remansa como en un vado inalterable; igual ingenuidad transparente en los espíritus; idénticos trazos de caminos y callejas, de torres y tejados; similares contornos de campos labrantíos. Por lo común, algunas chozas, como esquivas al contacto humilde del poblado, se fatigan arañando el repecho de las lomas. Esas chozas —cuatro paredes de adobe en donde se pasma la luz, rematadas triangularmente por una cubierta pajiza— y los indios que las habitan, con su poncho de pliegues geométricos y su gorro cónico, riman también con las líneas solitarias de la montaña, como los versos dentro de un mismo poema.

El hombre y sus silencios

Creer desde luego que esa conjun-ción de aldeas cercanas, de pueblos y caseríos que tienden su mansedumbre entre los valles y las laderas de los Andes cejijuntos es todo lo que caracteriza a la vastedad de la provincia, sería un falso creer. Los viajeros que parten desde Quito hacia el horizonte de playas y mar del oeste del país saben mejor que nadie que esa provincia no es exclusivamente serrana. En efecto, para llegar a la raya de su límite en el rumbo occidental hay que atravesar paisajes, altitudes, vegetaciones y climas diferentes; poblaciones, anejos y ambientes humanos en verdad disímiles. Pero la naturaleza parece que se afanara en impedir que la impresión de los cambios tuviera un carácter de brusquedad extremada en el ánimo de esos viajeros, y que por ello hiciera del camino un ensortijamiento de curvas difíciles, que sin duda determinan la lentitud o el riesgo. Anulada así la prisa eficaz de la línea recta, suprimida la posibilidad de la disminución de la distancia, la carretera va sesgando entre parajes acentuadamente diversos. De los flancos montañosos sembrados de papas y algunas especies de hortalizas, de trigos y cebadas (en donde todavía hay un temblor de sol y tibieza), se pasa a los altos desiertos de chaparros, castigados por el frío de las nubes y los vientos. De ahí se asciende

aún más, siempre zigzagueando, hacia unos negros peñascales, pétreos y perpendiculares. Pero desde ese punto, y hacia el costado paralelo, se van descubriendo paulatinamente elevadas sinuosidades cordilleranas, todas invadidas de maraña vegetal, densa, oscura, impenetrable. Son árboles y árboles intocados, en primitiva y hosca doncellez, que se cubren

Los colorados viven en una zona subtropical, húmeda y calurosa.

El Illiniza: un gigante en blanco reposo

a trechos de una niebla que emerge de las profundidades con desoladora porfía.

Los indios colorados

Tras aquel itinerario tan cuajado de mutaciones y sorpresas se entra en la zona subtropical de esta provincia, en donde se anima un pueblo que en nada se asemeja a los otros de la sierra: Santo Domingo de los Colorados. La atmósfera, húmeda y calurosa, la fecundidad de una tierra que multiplica la más rica variedad de productos, los raídos pabellones de las plantaciones de banano, los penachos caciquiles de sus numerosas tribus de palmeras, el aroma voluptuoso de sus extensiones frutales, el movimiento y vocerío de las gentes, el atuendo blanco y ligero de éstas, y sus viviendas frágiles en que preponderan la madera y la caña: todo, en fin, deja advertir que aquel lugar —ligado sólo administrativamente a la provincia de Pichincha— es como el centro desde el que se despliega el abanico inmenso del litoral ecuatoriano. De Santo Domingo de los Colorados arrancan, en efecto, las vías que conducen a los puertos de Guayas, Manabí y Esmeraldas.

Hay que suponer, por cierto, que esa población ya no es lo que fue hace apenas pocos decenios. La explotación agrícola de la zona, que se ha ido tornando cada vez más intensa y codiciosa, y su actual destino de encrucijada vial de la costa y la sierra, la han ido mudando de anejo de bohíos precarios en ciudad dinámica, de tráfico trepidante, con hoteles, fondas, almacenes, abacerías, farmacias, consultorios de médicos y abogados. Muchos forasteros, procedentes de otras regiones, y aun del sur de Colombia, han invadido el lugar, como una hojarasca humana.

Los primitivos habitantes, que debieron de haberse contado por millares, y que han quedado reducidos a escasas centenas, son los indios colora-

En los refulgentes y escarpados Andes se alza el volcán Illiniza hasta los 5763 m.

dos. La colonización reciente les ha empujado hacia sitios periféricos, cada vez más distantes: hacia San Miguel de los Colorados, sobre todo. Allí cultivan tranquilamente ahora su yuca y su plátano, y siguen preservando pacíficamente su organización bajo autoridades, normas y hábitos familiares propios.

Cercanos por más de una similitud a los cayapas, como si las dos ramas pertenecientes a quién sabe qué ancestro común de tribus caribes, los colorados llaman la atención del viajero por el cuidado de su salud, su aseo y su vestuario, y especialmente por su extraña práctica de pintarse el rostro y las desnudeces del cuerpo. Trocando en pincel la pluma de los pájaros y usando una sustancia parduzca extraída de la corteza de algún árbol de la selva, se trazan en las piernas, el tronco, los brazos y la cara, cuya piel ha sido tratada de antemano con una capa de achiote, delicadas líneas horizontales, que simulan las del lomo de los tigres. La cabellera se la cortan en forma de círculo, hasta la mitad de la frente, y la embadurnan con una pasta elaborada de leche de «sandi» y de achiote, convirtiéndola en una especie de casco duro y rojizo, protector del agua de las lluvias. Además, tanto los hombres como las mujeres ex-

hiben airosamente sus pechos desnudos. Todo su atuendo consiste en una manta de algodón, que tiene la misma ornamentación de las rayas pintadas en el cuerpo, y que sólo les cubre de la cintura a las rodillas.

A través de estas sumarias referencias se habrá podido notar que el ambiente ha determinado en los grupos humanos del subtrópico de la provincia de Pichincha algunas condiciones en nada semejantes a las que corresponden a su sierra. Pero, ya expuestas aquéllas, conviene volver los ojos a lo que es más característicamente suyo, a lo que la identifica mejor, que son los villorrios adyacentes a la capital del país, nombrados en páginas anteriores.

Las fiestas populares

La historia de los años precolombinos se ha quedado prendida en los altozanos de algunos lugares, entre la piedra testaruda de sus fortalezas o pucaraes, cuya significación es precisamente la de «sitios enrojecidos por la sangre de los combatientes». Y se ha quedado también adherida tenazmente a los hábitos, emociones y ceremonias de los campesinos. El clérigo español trató de fundir hábilmente, en una misma fecha, las celebraciones de la iglesia católica

con las prácticas colectivas paganas de esos pobladores. Y ellos, a quienes llegó a seducir únicamente el paramento solemne de la liturgia cristiana, asimilaron lo que condecía con sus propios ritos. Por eso es posible ver hasta ahora las fiestas aldeanas como una simbiosis de lo autóctono y lo foráneo. En determinados días del año bajan desde las laderas, los breñales o las cañadas, o caminan desde los caseríos cercanos, hacia el centro del pueblo, centenares de gentes que participarán en aquel abigarrado festejo religioso. Muchos se acomodan en pesados disfraces, disparatadamente vistosos, con más-

A la izquierda: *El enorme cráter del Cotopaxi.*

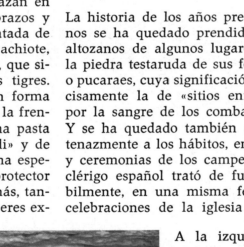

caras de alambre, zamarros de piel de chivo, casacas de colores, plumas, espejos, campanillas, mazorcas de maíz, imágenes y frutos. Improvisan sus marchas a la iglesia precedidos de la banda pueblerina y del santo de la devoción. Caminan entre pétalos lanzados a los aires y vaharadas de incienso. El ritual culmina con danzas monótonas, acompañadas de libaciones de aguardiente y chicha de maíz. Pero ellas duran algunos días, para permitir las corridas de toros masivas, los castillos pirotécnicos y la quema nocturna de las chamizas fragantes.

Aparte estos regocijos esporádicos, la población, más indígena que mestiza, vive hundida en un aislamiento íntimo, que es consecuencia de la hermeticidad inalterable que la caracteriza. Su felicidad es la infelicidad de una resignación suprema. No vive: se desvive para satisfacer a los demás, en la albañilería, en el servicio doméstico, en la jardinería, en la agricultura, en la artesanía o en los más rudos trabajos. Una imagen fiel de este ilota de los campos es la de la tristeza de su mudez inviolable: se le ve avanzar callado entre la polvareda de las carreteras, como envolviendo el camino al paso de sus bestias. Romper callado el surco de la tierra ajena. Conjuntar callado el trigo de las eras. Llevar callado la carga fatigosa que ha compartido con los lomos del animal. Y apurar callado los recios tragos de caña, quizá porque comprueba que ni la naturaleza, ni el país, ni el lugar, ni la casa pobre que habita tienen para él la dulce significación del regazo para el hijo.

Carlos Guevara...

ALFONSO BARRERA VALVERDE

LAS HOYAS CENTRALES

Para los habitantes de las hoyas centrales, vivir es la forma disponible de ejercer un misterio.

Se dirá que para todos. Por supuesto, sí, mas en nuestros valles, que descienden sucesivamente, y en estas montañas, que se labran hasta alturas insólitas, el enigma de cada cual, sigue empezando milenios antes de cada nacimiento; resulta, pues, descifrable sólo en la medida en que un misterio es divisible en otros pequeños misterios.

Ligados al paisaje por las manos

Intentemos una explicación, comenzando por lo menos difícil. Los pobladores de los altos valles interandinos estamos ligados al paisaje. Pero no como los ciudadanos de las grandes metrópolis, por la contemplación y el asombro, sino por nuestras manos.

Desde luego, nada nos halaga tanto del forastero como sus continuados éxtasis, cuando logra apartarse de las carreteras principales y, por ejemplo, sigue los mórbidos y empinados caminos de tierra, a las orillas de los sombríos, minutos apenas después de Ambato, rumbo a Riobamba, desviándose por la derecha, deslindando con su vista los deshielos del Tungurahua, gobernando y admitiendo varios arroyos en las quiebras. Allí, cuando las palabras del visitante, junto con nuestros saludos, interfieren una labranza, podríamos aprender que esas exclamaciones venían previstas por la creación universal y que deben ser toleradas por nuestro pudor.

Como no estamos habituados a la abundancia de vocablos, es poco lo que podemos contar al huésped.

La nueva catedral de Ambato, de moderna concepción, abrió sus puertas en febrero de 1952.

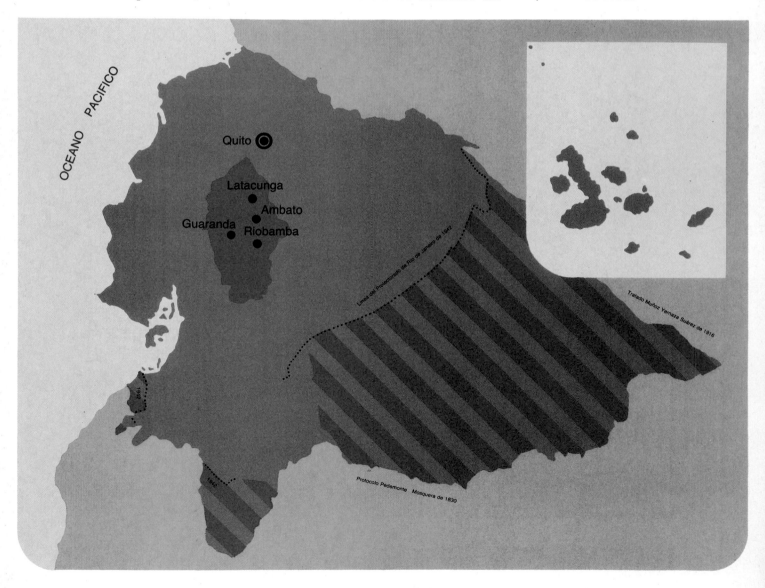

Acaso, que la patata nos costará sacrificios y desvelos, que intentaremos abrigarla, protegerla de las heladas y que, así brotará sana y, al emerger, esparcirá tierra negra, adherida a las manos de quien la saca. Nada podremos añadir a tales sucesos naturales. El propio viajero será quien se anoticie de los movimientos y temblores más perceptibles, cuando los alfalfares y el cebadal sean turbados por el viento y entre manzanos y durazneros asomen, aquí y allá, las poblaciones diseminadas, vestigios de grupos antiguamente grandes, hoy dispersos.

Pero entendámonos bien: cada vez creemos que quien se complace en nuestro paisaje está mirando más allá de los declives, dentro mismo de los rebaños que forman las ovejas y las neblinas, tan nómadas y a la vez tan sedentarias. Nos esperanzamos, en síntesis, y creemos que está iniciándose en el aprendizaje de nuestra alma.

En la gran hoya de Latacunga y Ambato

Con ello, merodeamos ya sobre realidades menos tangibles. El espíritu de los grupos humanos, como los amaneceres y los crepúsculos de los Andes, cambia las tonalidades, sin dejar por ello de ser antiguo, pacífico, patriarcal, involuntario.

Se nos conoce a los ecuatorianos en el mundo como descendientes de españoles. Nuestros apellidos, los rostros y aun el color de la piel o de los ojos a veces lo atestiguan. La manera de ser, bastante menos.

En la rectitud ante las circunstancias, nos hemos encontrado con España y hemos coincidido. Tal vez lo de soñar un Dios traducible en parábolas comienza, eso sí, con las enseñanzas escritas, mucho más nuevas que la memoria verbal, temporalmente enmudecida, de la que descendemos. Expliquémonos de manera más clara.

Que somos españoles e incásicos es verdad. Hemos aceptado las dos conquistas y sus dominaciones; las hemos hecho propias a fuer de sedentarios. Tanto amamos estos solares como para que ni el conquistador ni el terremoto logren desarraigarnos.

Pero digamos también que ahora dichas dominaciones forman parte de nuestra historia interna, las sentimos propias y aún nos enorgullecemos de las virtudes hispánicas tanto como de las americanas.

La costumbre de ser un poco más que las existencias individuales y la de durar más que quienes nos ven morir, forma, ella sí, parte de la tradición original, fundada acaso por quienes dejaron noticias en la orilla del mar cuando subieron a la montaña.

Estas no son frases sino vivencias. De valles y de mar hay vestigios en los brazos de labradores puruhaes y españoles; de grandes lagos, en las manos de los tejedores salasacas.

De izquierda a derecha: *Monumento a don Juan Montalvo, y su casa natal, hoy museo y biblioteca, en Ambato.*
Barrio típico de Ambato.
Parque en Ambato. Al fondo, la estatua de Juan León Mera.

Todos ellos, al florear la tierra y al bordar el tapiz, copian lo que ve la imaginación. Y la imaginación ve peces y pájaros. No los ve en vano: los encuentra en pretéritos antiguos, renacidos a diario, pretéritos que, pues no pueden traducirse en palabras, se expresan en gestos y en perfiles.

He ahí la esencia de la artesanía de todo el Ecuador: no dibujamos otra cosa que sueños. Y, en cuanto se refiera al futuro, lo que está por soñarse o por vivirse no puede ser sino lo ya vivido.

Los errores de la planeación

Como se ve, nos parecemos a los demás grupos milenarios en que, también para nosotros, *diseños son designios.* Fuera del pasado propio, que es el porvenir propio, no se encontrarán soluciones posibles. La planeación económico-social, a cargo de formuladores y discípulos de Occi-

dente, padece de enorme error, pues prescinde de esta memoria colectiva.

Porque signo son, de tal encargo, los utensilios que encontramos. Signo, Latacunga, sus alrededores, donde pacen las nubes y el ganado. Signo son, en Tungurahua, los árboles frutales y su río, calle espumosa, angosta, conmovida por carreras de niños, circundada por jardines y paredes de piedra.

Signo todavía no descifrado, la provincia de Chimborazo, sus plazas repletas de sombreros puestos y pupilas ateridas de siglos, donde un perdón que se llamaba misericordia y empieza a llamarse justicia baja de las montañas en días de feria, para tomar posesión de la existencia.

Latacunga, su volcán y su valle

La hoya central, alargada de norte a sur, constituye el espacio mayor entre los peldaños de la escalera tan

irregularmente construida por los Andes.

En la parte superior de este gran espacio central, confiada a la custodia del Cotopaxi, volcán de los más altos del mundo, Latacunga es hoy el centro de una actividad agroindustrial impulsada por trabajadores que, entre el cráter y las praderas, interponen pajonal y laguna, fijan dicha zona de tregua, al respetar el páramo, al aceptar los deshielos y al conducirlos por canales hacia la sed de los animales domésticos.

El Cotopaxi, junto con el Fujiyama del Japón, es uno de los escasísimos conos perfectos pulidos por la nieve en el mundo. Para mitigar tal perfección, el volcán del Ecuador adolece de un cráter lateral, pero dicho cráter se empina sobre zócalo embovedado, de impecable trazo, por el cual los arroyos descienden a los prados, ladera abajo, con rutas radiales, al pie de la corona formada por el pajonal que media entre los

Todos los caminos del sur conducen a Biblián

al milagro. Posteriormente, Diego de Robles, imaginero español quiteñizado, esculpió en madera de cedro la imagen, llena de clara y suave belleza, con su precioso Niño Dios en los brazos: los campesinos la visten de indiecita y de chola, pero también, desde su pobreza, la han coronado de oro, esmeraldas y rubíes. La Virgen del Cisne es llevada cada año a Loja en sus andas de plata repujada, vestida de viajera, con pañolón de Guadalupe y sombrero de paja toquilla en una procesión de cien kilómetros, subiendo y bajando los pliegues del papel arrugado. La romería congrega millares de devotos y la pequeña taumaturga, «la Madre» de rostro arrebolado atesora la esperanza y la fe de esos corazones simples y fervorosos.

Los indios viven al norte, en el cantón Saraguro. En él residen los descendientes de los mitimaes cuzqueños que Guaynacápac, el inca que conquistó el reino de los Shyris estableció como valla impasable para los levantiscos, ariscos, indomables cañaris del Azuay, brava gente conquistada por las armas, pero nunca suficientemente integrada al imperio. Los indios de Saraguro, magros, ágiles, vestidos de negro, hablando lo mismo en español que en quichua, que saben leer y son propietarios de sus tierras. Sus indias, vestidas con el negro anacu plizado alto hasta la rodilla, con su camisa bordada, sus collares de monedas de plata y de «mullos» dorados, sus cruces pectorales, sus tupus con piedra verde y sus blancos sombreros de lana abatanada, muestran sus manos, en los días de fiesta, con los dedales de plata que les cubren las uñas. Junto a sus hombres, siempre peinadas, sonrientes, limpias, activas, hilando su copo de lana con dedos vertiginosos, llenan las plazas los domingos.

Hacia el sur, hacia la frontera con el Perú —los cantones Gonzanamá, Calvas, Paltas, Macará, Celica y Alamor— está la tierra de los chasos,

el mestizo claro, más blanco que indio, buen jinete, gran conversador, con su lazo de vaquero y su carabina, ganadero del ganado de su patrón, contrabandista a ratos, a ratos bandolero batiéndose con los «rurales» y a veces «rural», cuidando la propiedad y defendiendo la ancha paz del campo, agricultor cuando la erosionada tierra lo permite, aventurero y cantor. «Chaso quiere decir cariño», afirma cuando el alcohol lo domina. La tierra lojana se ha erosionado, las sequías repetidas han caído sobre ella matándola de sed, la vida a veces ha sido imposible. Los chasos han emigrado. Están ahora por todo el país: en la frontera con Colombia «metiendo su cacharro», en las petroleras de Lago Agrio peleando con la selva, en Guayaquil estibando en el puerto, en Santo Domingo de los Colorados trabajando en los bananales, donde quiera que sea posible una nueva vida a base de esfuerzo y de coraje. Y es que chaso quiere decir cariño pero también quiere decir libertad y libre sólo es quien sabe ganarse la vida. Allá, en las tierras lejanas en la selva, en los bosques de Esmeraldas, en las arroceras del Guayas, en los cacaotales del Milagro, allá los chasos pondrán su letrero: «La nueva Loja», a veces y a veces, simplemente, «Alma lojana» y cantarán: «orillas del Zamora / cómo os añora / mi corazón.» Y estarán sus chasitas haciéndoles la vieja, la inmemorial comida lojana, los tamales, los sambates, el buen plato de mote con yuca, la cecina asada, el molloco, el repe, el seco de chivo, el suculento sancocho y su cafetito asustado, oloroso y caliente. Y tendrá sus canciones, sus pasillos, sus chilenas, su sentido escéptico de la vida, su sonrisa irónica y su orgullo de ser quien mejor habla el castellano, el idioma de María Santísima.

La figura del chaso a caballo, arreando la recua de mulas de carga, conduciendo la partida de ganado al Perú o a Portovelo, con su poncho

blanco, rayado de azul, su gran sombrero macareño de enormes alas, su cinturón con piezas de plata del que pende el revólver y el machete en vainas de cuero repujado, domina todo el ámbito de la provincia. El fue siempre quien vivía y quien daba de vivir en la provincia que el Ecuador olvidó y que generó en sus hombres la idea de haber nacido en el «último rincón del mundo», donde la vida jamás mejoraría…

Sin caminos carrozables hasta 1930, cuando recién comenzaron a trazarse, metida en sí misma, un día explotó. Surgió entonces la mentalidad que gritaba «mientras más lejos, me-

jor», y hubo quien dijo «bonito lugar para nacer» y se fue para siempre: ni la cordillera ni la distancia fueron obstáculos para su diáspora. Pero hubo también quien dijo: «bonito lugar para vivir» y comenzó a luchar, y se enfrentó con el desaliento, con el olvido, con la falta de caminos y de crédito, y fracasó y se rehízo y al final consiguió organizar, crear trabajo, generar riqueza: creadores del esfuerzo y la esperanza pudieron decir a boca llena que Loja, el último rincón del mundo, es bueno para nacer, pero es bueno también para trabajar, para vivir, para amar, para morir.

Al impulso esforzado de esta gente animosa va surgiendo la industria: Monterrey fabrica y exporta azúcar, Tabla Rey produce materiales de construcción, Cafrilosa elabora la carne producida en Gonzanamá y Calvas, Inapesa empaca alimentos, surgen industrias de madera prensada y de harina de trigo, en Alamor se diversifica la agricultura y el tabaco rubio surge junto a los cafetales y, por último, en todo el «papel arrugado» comienzan a alzarse bosques de eucaliptos y pinos. Respaldando este movimiento creador, el Banco de Loja moviliza capitales y concede créditos.

A su vez, los hombres de Loja comienzan a intervenir en alto nivel en los negocios y en la política y la literatura, la enseñanza, el periodismo, la diplomacia, el pensamiento económico, las profesiones liberales, la milicia junto a la pintura y la escultura entregan cada vez más nombres lojanos al más alto nivel: el último rincón del mundo va dejando de serlo, va integrándose en el cuerpo de la nación ecuatoriana.

Alejandro Carrión

ANGEL FELICÍSIMO ROJAS

GUAYAS, LOS RIOS Y EL ORO

Si Herodoto decía que Egipto era un presente del Nilo, algo parecido pudiéramos afirmar de las ricas tierras que caben en la extensa vaguada del río Guayas. Este ha tenido y tiene una decisiva influencia en la provincia que lleva su nombre y en el destino de la república del Ecuador.

Libres de la acción entre genésica y telúrica del río Guayas encontramos, a lo largo de la costa ecuatoriana, las provincias de Esmeraldas y Manabí, cada una de ellas con una fisonomía propia, tanto en su ecuación ecológica como en su composición humana, y más al Sur, la provincia de El Oro. La de Esmeraldas se encuentra así mismo pródigamente regada por una vasta red fluvial, que comprende algunos ríos navegables. En tanto que la de Manabí, por obra de la corriente de Humboldt, tiene en general un clima cálido y seco, y pocas aguas corrientes. En la de El Oro el agua abunda, y cuenta además con una cuenca de vastas posibilidades futuras: la cuenca del río Jubones.

Entre los Andes y el mar nos encontramos con una larga faja de terreno en gran parte plano, que va a morir en la ribera. Sus elevaciones son modestas, como que lo bravío de la cordillera andina ha depuesto su abrumadora grandeza. Las mandíbulas descomunales, en las que nacen cual molares de inmaculada blancura los picachos nevados quedan muy al fondo. Desde el mar, en los días despejados, es frecuente poder divisarlos. Y en la ciudad de Guayaquil, antes de que la polución del aire fuera empañando la atmósfera con una capa oscura, se alcanzaba a co-

Catedral y estatua ecuestre de Bolívar en Guayaquil, primer puerto marítimo de Ecuador e importante centro cultural y económico.

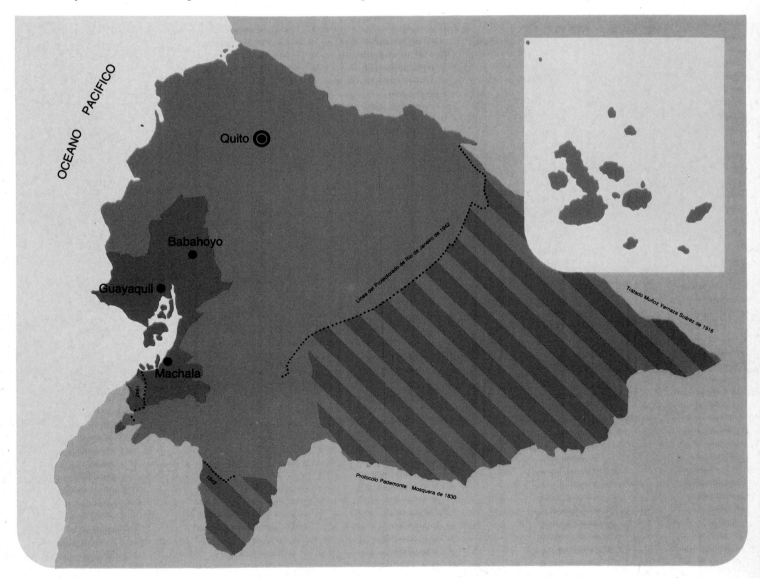

lumbrar el volcán Chimborazo, uno de nuestros dioses lares, al que el sabio viajero Alejandro Humboldt amó hasta el final de su luenga vida.

La línea equinoccial que nos une y nos divide

El paralelo máximo que ciñe el planeta, divide en dos partes a nuestro pequeño país. La una queda en el Hemisferio Norte, la otra, en el Hemisferio Sur. A pocos kilómetros de Quito, la ciudad capital, se encuentra un monumento que nos lo recuerda. Los turistas gustan de tomarse fotos en las cuales tienen puesto un pie en un hemisferio y el otro pie en el otro. Y hasta hace pocos años, a bordo de las naves que cruzaban la línea equinoccial se celebraba un rito tradicional, bautizando a los pasajeros que iban en un sentido u otro. Igual costumbre pretendieron implantar los aviones, modificándola en la forma de una linda cartulina que recordaba al viajero la fecha del simbólico cruce. Hoy es tan frecuente y repetido el puente aéreo entre un hemisferio y otro, que casi nadie lo recuerda. Los paralelos y los meridianos son meras líneas imaginarias de referencia. Ni el sol ni las estrellas sirven ya como guías para la navega-

Arriba y a la izquierda: *Monumento de Osvaldo Guayasamín en el Centro Cívico de Guayaquil dedicado a la patria joven, y el edificio que alberga el museo y la biblioteca municipales.*
Arriba y al centro: *El malecón, famoso paseo marítimo de Guayaquil, muy acorde con el estilo de vida de sus gentes, extrovertidas y amantes de los grandes espacios y la vida callejera.*
Página siguiente, a la derecha: *Patio colonial en el barrio guayaquileño de Las Peñas, uno de los pocos que conservan cierto sabor añejo, y la moderna cúpula del coliseo cubierto del Centro Cívico.*

ción. El radio y los goniómetros han sustituido la lectura del astrolabio.

Pues bien: la provincia del Guayas está en el Hemisferio Sur. Su contorno es tan irregular que para describir sus linderos con las otras provincias la oficina de los Censos Nacionales necesita tres páginas. No vamos a copiarlas. A excepción del límite occidental, acerca del cual se concreta a decir: «Al oeste, desde el sitio La Puntilla, la línea de costa sobre el océano Pacífico hasta la desembocadura de una quebrada sin nombre, a 500 metros al norte de Punta Blanca.»

El sistema fluvial del Guayas está conformado a su vez por los subsistemas del río Daule, del río Vinces y del río Babahoyo, cada uno de los cuales tiene numerosos tributarios. Los peritos estiman que todo el sistema fluvial del Guayas descarga veinticinco mil millones de metros cúbicos en el océano Pacífico, en el año promedio.

La provincia del Guayas según el último censo

En 1974 se llevó a cabo un censo de población, vivienda y agropecuario que fue probablemente el intento más serio para inventariar los recursos humanos y los que habían logrado el trabajo agrícola, industrial y mercantil en lo que va de siglo. Sirvámonos de aquél para esbozar algunos rasgos de la fisonomía de la provincia del Guayas, y comparémosla demográficamente con las que mayor población tienen en el país. He aquí algunas cifras: la provincia de Pichincha, cuya capital es Quito, que lo es también de la república del Ecuador, tiene 988 396 habitantes. La de Manabí, 817 966. Pero la del Guayas cuenta con 1 512 333 habitantes. Obviamente, la mayor concentración demográfica está en Guayaquil, que tiene alrededor de un millón de ha-

El progreso de Guayaquil sirve a todo el país

bitantes. En sus áreas rurales vive el medio millón restante. Y es que Guayaquil, como ciudad, y como puerto, es un poderoso mecanismo de succión que atrae una gran corriente migratoria, de sus propios campos y de otras provincias. El desplazamiento demográfico de sierra a costa tiene como principal punto de confluencia Guayaquil. A pesar de que ha dejado de ser la metrópoli que absorbía a todos los forasteros que golpeaban su puerta. Los medios de trabajo de que hoy dispone, no obstante ser la ciudad más industrializada del país, están por debajo de su capacidad de asimilación de los inmigrantes. Y acusa críticos niveles de desocupación que antes desconocía. No obstante, su crecimiento material es espectacular. El agro, en cambio, va despoblándose. La reducción de las áreas bananeras y la intensificación creciente de la mecanización agrícola para los cultivos de ciclo corto han dejado en la desocupación a más de trescientas mil familias campesinas, de las cuales acaso la mitad correspondan a la provincia del Guayas.

Lo que nos dicen los sabios sobre la ecología litoral

El profesor Misael Acosta Solís ha elaborado una clasificación de las zonas en que se dividen las tierras de la costa, y el geógrafo Francisco Terán le ha prestado su aprobación. Según Acosta Solís, las formaciones geobotánicas del litoral ecuatoriano tienen los siguientes elementos: 1) las formaciones higroalófilas o manglares; 2) la selva pluvial macrotérmica, que ocupa las estribaciones de la cordillera occidental de los Andes, en su parte inferior; 3) la Xerofilia Humboldtiana; 4) las sabanas o *gramisetum* tropical, en la cual predomina la vegetación herbácea y comprende un área de transición entre la zona semidesértica indicada en el numeral precedente, y las formacio-

nes boscosas alejadas del mar; 5) los bosques caducifolios, que parecen vivir únicamente en la época de las lluvias; 6) la selva submacrotérmica, situada entre los 200 y los 800 metros sobre el nivel del mar, empalmada en la selva pluvial macrotérmica, pero más próxima a las alturas andinas; 7) la selva pluvial mesotérmica occidental, ubicada a lo largo de la cordillera de los Andes, entre los 800 y los 1300 metros sobre el nivel del mar, adyacente a la anterior.

Las provincias del Guayas, El Oro y Esmeraldas comparten el señorío de estas ocho zonas. La provincia mediterránea de Los Ríos carece de manglares (esto es, las formaciones higroalófilas), ya que sus colonias arbóreas, que constituyen grandes concentraciones, solamente crecen en las zonas palustres, bañadas por el agua del mar y en cuya red inextricable de raíces semidesnudas crece una riquísima fauna pelágica. La importancia de ese patrimonio forestal, que se ha creído inagotable es tanta, y tan peligrosa la destrucción sistemática que ha venido haciéndose de los manglares, que al fin empieza a prosperar la idea de que constituyen un recurso que debe defenderse. Porque este árbol casi mítico (que el escritor Demetrio Aguilera Malta en sus novelas «Don Goyo», «La isla virgen» y «Siete lunas y siete serpientes» le presta un significado totémico para los habitantes de los islotes del archipiélago de Jambelí) es buscado y destruido de un modo implacable por el hombre. En el estado de Florida, en Estados Unidos, en donde también hay manglares, los científicos norteamericanos han abierto una vigorosa campaña para preservar esta especie vegetal de su extinción.

La selva pluvial macrotérmica y la selva submacrotérmica hidrófila van cediendo el sitio a la agricultura de plantación y a la agricultura de sementera. En la primera abundaban las maderas finas, que han sido objeto de una destrucción irracional que

está afectando el equilibrio ecológico de la zona. La segunda comprende riquísimos terrenos que la agricultura ha aprovechado con cierta mesura. Aún queda montaña virgen. Y hay un esfuerzo bien que disperso para repoblarla con árboles maderables.

Los terrenos de sabana todavía conservan un árbol admirable: el guayacán de la costa seca, más pesado que el agua y susceptible de un hermoso pulimento; el algarrobo y el guasango, así como el llamado laurel de Puná. Son árboles de madera dura y de crecimiento lento. Los guayacanes florecen en el mes de octubre, y verlos vestidos literalmente de amarillo canario es un espectáculo impresionante. Porque en torno de ellos apenas hay señales de vida vegetal.

Los cultivos de plantación, tales como las huertas de cacao, de banano, de café, de palma africana, en la provincia del Guayas, están asentados principalmente en las márgenes de los grandes ríos. Se trata de tierras fértiles, a las cuales las crecientes del invierno cubren anualmente de una capa de limo que las enriquece. Allí han estado situadas las mayores haciendas de la costa, los extensos latifundios, ahora casi invariablemente intervenidos por las autoridades encargadas de aplicar la Ley de Reforma Agraria vigente desde el año 1964 en el Ecuador.

El río Guayas y los poetas

Al río Guayas y a Guayaquil le han dedicado los poetas muy bellas estrofas. Uno de los mayores que tuviera la colonia, fray Juan Bautista Aguirre consagra a la ciudad los conocidos versos que comienzan:

Moderno edificio del Banco de Pichincha en Guayaquil, ejemplo de audacia arquitectónica y símbolo de progreso.

Aspectos diversos de una ciudad admirable

Guayaquil, ciudad hermosa,
de la América guirnalda,
de tierra bella esmeralda
y del mar perla preciosa...

Y saltándonos a lo estrictamente contemporáneo, he aquí unos fragmentos del romance de Abel Romeo:

Guayaquil tiene una ría
con el agua de esmeralda,
con vaporcitos rieros
que gritan pitadas blancas,
canoas que antes fueron
árboles de la montaña,
y con islas que parecen
que se las llevara el agua.

Doña María Piedad Castillo de Leví expresa en su conocido canto:

Oh, perla del Pacífico, de
[inmaculada albura,
crecerá con los años tu grandeza
[futura...
los altos rascacielos de ríspidos
[perfiles
formarán la diadema de tu
[soberanía...

Pero es sobre todo el inmenso río el que ha sido tema de inspiración constante de nuestros más altos poetas.
Mencionaremos, al azar, a dos de

ellos, reproduciendo algunos de sus versos.
Del río Guayas dice Jorge Carrera:

¡Oh río agricultor que el lodo amasas
para hacerlo fecundo en tu ribera,
que los árboles pueblan y las casas
montadas en sus zancos de madera!

Acaso nadie ha alcanzado, al tratar este tema fluvial, la excelsitud que Wenceslao Pareja:

La voz del río es lenta,
la voz del río es grave,
el monarca barbudo
viejas historias sabe...

De izquierda a derecha: *Cementerio de Guayaquil,*
considerado un sitio turístico.
La torre del reloj, de estilo morisco, en el malecón.
Estatua de Sucre, mariscal de Ayacucho.
Monumento en memoria del encuentro entre Bolívar y San Martín,
que tuvo lugar en Guayaquil.
Y la iglesia de San Francisco.

La vocación marinera del Guayas

«Los ríos son caminos que andan» decía Blas Pascal. Y para las provincias del Guayas y Los Ríos fueron, durante muchos años, casi los únicos caminos. Especialmente en la estación lluviosa, cuyo primer aguacero, caído generalmente en la noche de Navidad, tornaba intransitables los polvorientos caminos de verano. El campesino de esas provincias se familiarizaba desde niño con los secretos del timón y el remo de las canoas de montaña. Y con la fabricación casera de éstas. Dicha práctica facilitó el que, durante la época co-lonial, y antes del advenimiento del barco de vapor, el puerto de Guayaquil fuera llamado con justicia el Primer Astillero de la Mar del Sur. En la célebre obra de Jorge Juan y Antonio de Ulloa «Noticias secretas de América» se habla de aquél con admiración y elogio.

Y como los grandes ríos del litoral se imbrican en el mar, pues las canoas de montaña, las almadías, las balsas y las balandras se aventuraron río abajo, y sus hombres dominaron las artes de la navegación. Y practicaron la pesca de agua dulce y la del agua salada. Y se aprendieron de memoria la ubicación de los bajos, de las revesas, de los remolinos traicioneros y de los innumerables brazos y deltas tejidos por obra del mar y del ímpetu del río Guayas, que lo acuchilla por el flanco. En represalia, el mar se esponja y devuelve el golpe. Frente a Guayaquil podemos ver las alternativas de esta lucha eterna. Cuando las aguas del mar retroceden, las del río avanzan siguiendo el curso que trajeron desde las alturas. Pero la marea alta las obliga a volver hacia atrás. En las grandes crecientes del invierno, la procesión de jacintos (aquí llamados popularmente lechugas) va y viene del río al mar y del mar al río. Pa-

103

El río Guayas es el eje de la vida regional

rece que ese tránsito de vaivén va a durar por toda la eternidad.

Y si queréis ver la construcción artesanal de una balandra tenéis que acudir a los rústicos astilleros de la península de Santa Elena. Allí encontraréis carpinteros navales que apenas saben leer, pero que trazan al ojo, las líneas alabeadas de una quilla con precisión y elegancia increíbles. Más adelante es un deleite comprobar cuan marino es el barco que salió de esas manos. El escritor Alfredo Pareja, que escribió una novela «La beldaca», contando la historia de una balandra, os lo puede decir.

Los ríos navegables y la extensa costa marítima han servido al hombre del litoral para sus prácticas de marino y de constructor de barcos. En el balneario de Playas (General Villamil), a 100 kilómetros hacia el sur de Guayaquil, es un espectáculo impresionante ver la salida y la llegada de los pescadores, en sus leví-

simas balsas que no se van a pique jamás.

Tres aventuras marinas

La más antigua de la que tenemos veraz noticia se refiere a un ardid de guerra, empleado por el cacique Tomalá, régulo de la isla de Puná, contra el conquistador inca. Los indios punás, que eran consumados marinos, atrajeron con engaño a sus futuros enemigos y cuando estaban en alta mar les hicieron naufragar, pues la almadía de troncos en que viajaban los visitantes y conquistadores en potencia, se deshizo porque las amarras habían sido atadas con maña por los astutos isleños.

Al comenzar nuestra vida republicana, el inventor guayaquileño José Rodríguez Labandera cruzó el río Guayas, desde Guayaquil hasta la orilla opuesta, en un artefacto sumergible. Aún no se había descubierto en Europa un medio práctico de navegar de-

*El río Guayas ha jugado un papel de capital importancia
en el desarrollo de la región.
El transporte de los más diversos productos se hace por sus aguas.
En 1968 se construyó el puente de la Unidad Nacional
que une a Guayaquil con Durán.*

bajo de la superficie del agua, si bien los ingleses, desde el siglo anterior, habían intentado prometedores ensayos en el Támesis. Pero Rodríguez Labandera se adelantó demasiado a su tiempo. *Mutatis mutandi* nos recuerda el caso del inventor español Juan de la Cierva, creador del autogiro. Su idea, explotada después por terceras personas, dio vida al helicóptero. Hoy nadie se acuerda en el Ecuador de Rodríguez Labandera, así como el resto del mundo apenas conoce al insigne inventor español.

La tercera fue el viaje que hizo el científico y aventurero noruego Thor Heyerdahl en una balsa construida con palos y bejucos extraídos del corazón de la selva pluvial macrotérmica de nuestro litoral. De las montañas de Quevedo extrajo aquellos materiales, se valió de la experiencia que tienen nuestros navegantes y constructores criollos para dar forma y consistencia a su embarca-

La provincia de Los Ríos: un edén tropical

una ingeniosa fórmula de construir: la casa mixta, trabajada con madera, ladrillo y cemento. El «enjaule», generalmente de madera incorruptible, se asentaba a su vez en calces de guayacán. Por cierto que ninguno de los árboles a utilizarse debía cortarse sino en la luna menguante, so pena de ver apolillarse el material demasiado pronto. Hoy las ordenanzas municipales impiden hacer casas de construcción mixta, cuyo costo era inferior a la mitad de las de mampostería.

Se ha trazado una poligonal dentro de la cual no hay cabida para la construcción económica.

Guayaquil, ciudad de soportales

Pero ya se trate de la sólida casa de mampostería, ya de la escurridiza casa mixta, las construcciones de Guayaquil tienen un denominador común que le dan a esta ciudad una fisonomía única: los anchos soportales, que defienden al viandante del sol en el verano y de la lluvia en la estación invernal. El escritor colombiano Germán Arciniegas, que visitó Guayaquil, les consagró un hermoso artículo. Verdad es que van desapareciendo en el área residencial. Pero entonces se los está sustituyendo con la sombra de los árboles.

Es de desear que en el futuro se conserve este estilo, con el cual por cierto los propietarios tienen que renunciar en favor del transeúnte un frente de tres metros hacia la calle. Muy poco puede decirse del Guayaquil monumental. Porque la superstición que primó en el ánimo de sus habitantes en el pasado les aconsejó limitarse a construir en madera. Los incendios se encargaron, con terrible ensañamiento, de consumir los edificios hechos con materiales tan inflamables. La ciudad de Guayaquil se ha debido reconstruir varias veces. Igual suerte corrieron los edificios públicos, con la inevitable destruc-

*Los Ríos es una de las más atractivas provincias ecuatorianas,
rica en recursos naturales
y con una ganadería en constante crecimiento.*

ción de preciosos documentos coloniales.

Los grandes incendios, y durante la época colonial, las invasiones piráticas, asolaron reiteradamente el Primer Astillero de la Mar del Sur. Si la preocupación edilicia favoreció principalmente la ribera del río Guayas, prestando al malecón un gran señorío, no ha olvidado del todo el embellecimiento de las dos orillas del estero Salado, aquel brazo de mar que se hunde como una espada hasta el hombro de la propia ciudad. Con el tiempo las calles trazadas sobre ambos márgenes, adornadas con jardines y sombreadas con nuestros árboles tutelares pudieran ser de una sorprendente belleza.

Guayaquil como capital económica del Ecuador

Su doble condición de puerto fluvial y de puerto marítimo, y el hecho geopolítico de encontrarse en la desembocadura de dos grandes ríos por los cuales fluye una gran producción agrícola exportable, le dieron desde la época colonial, una indiscutible hegemonía económica, y por ende, un robusto poderío político. Casi todo el comercio internacional de importación del país se hacía por Guayaquil, y desde Guayaquil se despachaban los barcos que llevaban al mercado foráneo el cacao, el café, el banano, el arroz, el azúcar, el caucho, la cascarilla, la caña guadúa y algunos productos silvestres, recolectados en la montaña. El cultivo de plantación, instaurado en la época colonial siguió desarrollándose durante nuestra era republicana, e imprimió a la agricultura de la costa su sello característico. Desde el año 1964 en el cual se promulgó la Ley de Reforma Agraria, cambió fundamentalmente el sistema de cultivos en todo el litoral, como desaparecieron el arrendatario de tierras y el aparcero. Adquirió un

113

El camarón es hoy la gran riqueza de El Oro

llo y Calera, que forman uno solo a sus pies, se encuentra la antaño famosa villa de Zaruma, que desde la época colonial fuera un importante asiento minero. El cuarzo de sus entrañas llevaba oro, que fue explotado por siglos. Hasta hace veinte años, la población minera de Portobelo fue el centro del laboreo de yacimientos auríferos, algunos de apreciable riqueza. La compañía norteamericana que le dio mayor impulso abandonó los trabajos cuando para ella resultaban poco productivos. Hoy subsiste cierta actividad minera en la zona, pero se trata de un esfuerzo aislado, más artesano que fabril.

Pero Zaruma se destaca, en el ámbito agrícola, por la calidad excepcional del café que produce en sus escarpadas laderas. Fue una lástima grande que asolara el bosque andino, que fue magnífico, y que por cierto no ha sido repoblado. En las ondulaciones más bajas siembra arroz y cultiva el maní primorosamente. Sus hatos de ganado vacuno no son despreciables. La agricultura salvó a la zona cuando la mina aurífera dejó de producir en escala industrial. La tenacidad de los orenses de esta villa y comarcas aledañas, y su vocación agrícola las salvó del colapso. Los millares de mineros que quedaron

cesantes dejaron de trabajar el subsuelo y se dedicaron a arañar la superficie del terreno y a sembrarle cuanto pudiera dar fruto.

La cuenca del Jubones

En la parte costera está la cuenca hidrográfica más importante de la provincia: la del río Jubones que, venido de las altas cordilleras de Loja y Azuay, se precipita impetuosamente sobre la extensa llanura, a la cual ha hecho mucho bien y mucho mal, pues se trata de un caudal rabioso que hasta ahora no ha sido domeñado por el hombre. Sus gigantescas crecientes en el invierno han asolado con frecuencia extensas zonas de cultivo. Aun cuando, a la larga, han enriquecido también los terrenos más bajos con la sedimentación que se produce cuando pierde velocidad y se adormece en sus meandros interminables. Las mejores plantaciones de banano se encuentran en el área que un canal derivado de ese río fecunda.

Generosidad fluvial

Se trata de una provincia generosamente regada. Puesto que además del río Jubones, está surcada por muchos otros, uno de los cuales, el de Santa Rosa, es navegable en un corto trecho. Tanto el uno como el otro desaguan en el océano. Y en la faja orillera que se traba por el norte con la provincia del Guayas, los ríos pequeños que vienen de la montaña cercana constituyen una vigorosa red cuyas venas bañan tierras que son asombrosamente ricas. La cordillera de los Andes occidentales avanza hasta cerca de la playa marina, y esa vecindad entre el mar y la montaña brinda a esas tierras una humedad permanente. Es muy densa allí la capa de humus que las vuelve tan fecundas, como es densa la niebla que se descuelga cotidianamente desde las cumbres. La variedad de

Página doble anterior: *El viejo pueblo de Zaruma.*
Los camarones criados en la provincia de El Oro (página anterior)
pasan por ser los más grandes del mundo.
El camarón ha reactivado la economía de la región
y hasta ha cambiado la fisonomía del paisaje con las enormes
piscinas de cultivo (abajo).

Hermoso atardecer sobre el Guayas y su puerto

cacao conocida internacionalmente como «cacao Machala» prospera en esa comarca.

En la serranía y en el intermedio subtropical la naturaleza ha sido así mismo generosa, al prodigarle venas acuíferas por todas partes. El río Pindo, que más abajo pasa a llamarse Puyango, y se convierte por último, en un caudal de aguas binacionales; el río Amarillo, el río Calera y el río Ambocas, y otros muchos más, pudieran ser aprovechados en considerable escala para los menesteres agrícolas del riego. Una parte es en realidad bastante escarpada, pero no sería muy difícil convertir esos terrenos ahora de secano en predios de panllevar. Uno de los cantones de esa provincia, el cantón Piñas (que por cierto no las produce) es el tobogán desde donde se desliza el viajero hacia la costa, cruzando la indómita montaña de Santa Rosa, que afortunadamente no ha sido destruida. Ya en la tierra baja, que es al mismo tiempo una gran planicie, se advierte la presencia de dos subzonas: la cálida húmeda, que se encamina hacia el norte, y la cálida seca, que se extiende hasta el lindero con el Perú. Esta última pudiera convertirse en un gran emporio agrícola una vez que se concluya la construcción de la represa de Tahuín, que embalsaría las aguas del río Arenillas.

Pero no hay duda de que es el río Jubones el monarca. Su potencial energético y su capacidad de riego son impresionantes. No en vano su caudal se despeña desde la abrupta cordillera, rompiendo en un sitio estratégico llamado Uzhcurrumi, las entrañas graníticas de aquélla. Una serie escalonada de represas pudiera originar una poderosa fuente de energía hidroeléctrica, y desmentiría el viejo refrán de que el agua pasada no muele molino. Hasta su arribo a la zona de los manglares se habría utilizado toda su capacidad hidráulica, y ya remansado en la pla-

nicie, sus aguas oscuras y espesas, que llevan en suspensión enormes cantidades de limo, que arrastra de las breñas andinas, servirían para embancar metódicamente las áreas palustres, que suman algunos cientos de kilómetros cuadrados.

El cultivo de camarones

Ahora bien: en la orilla dominada por los manglares, y situada en los flancos de los ríos que mueren en el mar, los infatigables orenses comenzaron hace poco el que es ahora un floreciente cultivo: el de los camarones, en piscinas artificiales, empleando la técnica más refinada. Pensando en que el mercado de banano es incierto y que, si bien significó mucho en la década de los 60 a 70 para la economía de exportación del Ecuador, ha venido batiéndose en retirada ante la competencia centroamericana, los agricultores orenses buscaron otras fuentes de trabajo. Ahora los

tenemos convertidos en productores de camarones en albercas construidas precisamente en la zona palustre. Necesitan de la presencia alternativa del agua salada y del agua dulce. Por ello se han ubicado en las orillas de los ríos en los sitios en que se dan la mano los manglares con las nutridas colonias de una palmera silvestre que las llaman pambichales. Es allí donde los camaroneros han construido sus piscinas. El Ministerio de Defensa, que tiene a su cargo el cuidado de las playas de mar y las de los ríos que en él desembocan, regula el otorgamiento de concesiones que utilizan los empresarios para sentar sus reales. Es una medida acertada, pues de otra manera las camaroneras habrían proliferado con exceso, precipitando la destrucción sistemática de los manglares. Pero es necesario preservar la fabulosa fauna acuática que demora entre las raíces submarinas del manglar.

La rada de Puerto Bolívar

La naturaleza, que ha sido pródiga con la provincia de El Oro, le ha deparado un maravilloso puerto natural: Puerto Bolívar, en el cual se concentra el gran movimiento naviero que exige la exportación del banano cosechado en las grandes plantaciones vecinas.

Ha empezado tímidamente a traer mercancía foránea. Y hace cabotaje interno con la provincia del Guayas. Las importaciones que hace Loja utilizan a menudo este puerto, del cual arrancan varias carreteras: la que va al Perú, la que conduce a Guayaquil, la que nos lleva a Cuenca y la que nos transporta a Loja. Zaruma y Piñas tienen su propia vía de acceso. Puerto Bolívar es un importante centro de confluencia. Su importancia va en aumento constante y está despertando el interés de inversionistas y de quienes buscan mejores trabajos.

Y por fin la zona insular

Frente a Puerto Bolívar, y frente a Santa Rosa, puerto fluvial ahora venido a menos, se avista a poca distancia un puñado de islas. Algunas son muy bellas. Pío Jaramillo Alvarado, «doctor en ecuatorianidades» decía que la isla de San Gregorio, que forma parte de ese archipiélago, pudo haber sido la sede del paraíso terrenal.

De suerte que esta provincia se da el lujo de contar con una zona insular al alcance de la vista. Durante los calurosos inviernos tropicales, las familias que viven en Machala, El Pasaje y Santa Rosa, si no se ausentan a Zaruma, que tiene tanto de la sierra como de la costa y un clima más benigno, cruzan los modestos estrechos que separan la tierra firme de la zona insular, para pasar la temporada en el archipiélago. La brisa del mar abierto es refrescante, y las palmeras enanas permiten reco-

ger los racimos de coco con sólo estirar la mano.

Conclusión

Nos hemos limitado a realizar un somerísimo esbozo de lo que es esta singular comarca orense. Un viaje imaginario por ella pudiera decirnos algo más sobre la psicología de sus hombres, sobre las costumbres apacibles, dominadas por el determinante agrícola, sobre las poblaciones en franco desarrollo. Y en la cúspide, su prestancia intelectual, y la enumeración de sus muchas figuras representativas.

a. F. Rojas.

ALFREDO PAREJA DIEZCANSECO
ESMERALDAS Y MANABI

Entre los trece audaces y desesperados españoles que, en la isla del Gallo, siguieron a Pizarro cuando les dijo, señalándoles la raya que había trazado en la tierra con su espada: «Esta es la parte de la muerte; la otra, la del gusto. Por aquí se va a Panamá a ser pobres; por allá esperan glorias y riquezas. Escoja cada quien lo que quiera, y el que quiera seguirme, que lo haga»; entre esos trece, digo, hallábase el piloto andaluz Bartolomé Ruiz, quien, poco antes, yendo de avanzada en la primera expedición a tierras del Perú, había descubierto, el 21 de septiembre de 1526, una hermosa bahía que fuera

bautizada como de San Mateo, y en ella, precipitándose al mar Pacífico desde escarpados niveles y entre paredes de verde metálico, verde botella, verde de todos modos violento, un majestuoso río que él creyó ser lo que parecía: «¡El río de las Esmeraldas!» De esta casualidad, entre el color, el asombro y la codicia, quedó para siempre el nombre de la provincia costeña más septentrional del Ecuador. De las esmeraldas, sólo imaginación.

Pero en 1531, durante la tercera expedición de don Francisco, aparecieron las esmeraldas verdaderas, apenas traspasada la línea equinoccial,

en el pueblo de Coaque, hoy en la provincia de Manabí. Si las piedras preciosas fueron nativas del lugar, si fueron traídas del norte colombiano para fines rituales de peregrinos, o si se perdieron o agotaron las minas, no son cosas averiguadas. Lo cierto es que en nuestros días no existen. Pero entonces, en Coaque, donde una sociedad prehistórica, unida a la de Jama, escondía un remoto y alto linaje cultural, desde el cerro Pata de

La raza negra ha llevado a Esmeraldas y Manabí su vigor, su imaginación y su rica herencia cultural.

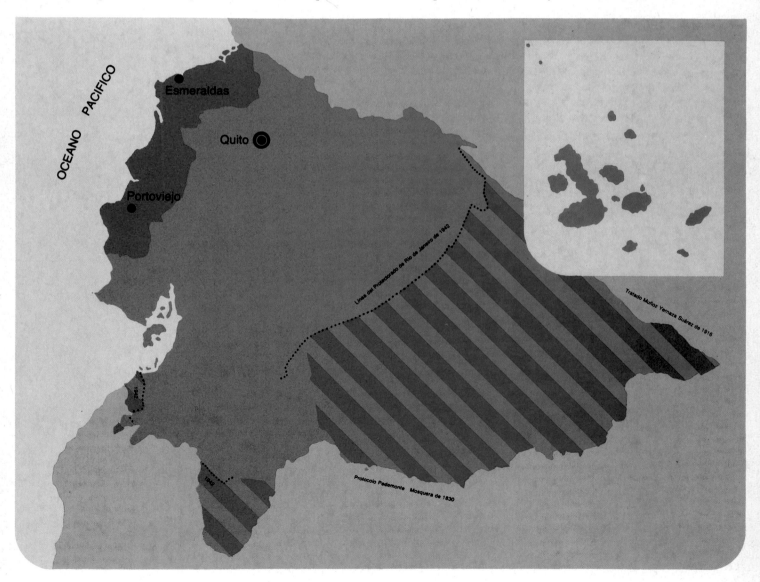

Esmeraldas: el principal puerto de la región

Pájaro, del cual se echa a rodar el río que da su nombre al pueblo, hasta la Cabeza del Morro, los montes de Jama, el río del Venado y otros sitios aledaños.

Después del saqueo y matanza de indios empavorecidos por los arcabuces, esas colas del monstruo-caballo que disparaban el rayo mortal, arma siempre divina hasta que los hombres se la robaron a los dioses, cuéntase que la mayor parte del botín en esmeraldas, que también hubo oro, fue a parar a la bolsa de fray Reginaldo de Pedraza, recién nombrado vicario de la provincia de Túmbez, un fraile astuto que, luego de que Pizarro se hubiese guardado una del tamaño de un huevo de paloma, explicó teológicamente que las piedras legítimas resistían los martillazos dándoles sobre un yunque: las artificiales —falsificadas, decía— se quebraban. Aburridos los soldados de golpear y quebrar, fray Reginaldo se hartó de ellas.

El río Coaque forma una bella ensenada, donde todavía se pesca a red y al arpón, y se reparte comunalmente el producto, como en el siglo XVI lo vieron los españoles. Allí establecieron éstos un primer asiento, en el que celebraron, con notario y todas sus formalidades, es decir, muy a la española, varios contratos, unos de trabajo entre ellos, otros de préstamos de siervos y otros negocios. Aprendieron entonces los descubridores a comer lo que aún se come por esos lados: maíz de grano duro cocido en tortillas; maíz molido hasta hacerlo casi harina para varios platillos acompañantes del peje ahumado; yuca deliciosa, de mayor suavidad que el pan moderno; o el maní (cacahuete), cuya salsa, encendida de ají, y alguna yerba por añadidura, es, dicen los manabitas, y no les falta razón, la mejor de las mejores de Francia.

Por esos y otros lados de la provincia manabita, llegan señores abogados, casi todos *afuereños,* que hacen de

las suyas con los otros, por lo cual, en gran parte de la tierra, la justicia se ejerce por mano propia, siguiendo las antiguas vendetas familiares. Hay un decir manabita: «Manabí, tierra de Dios, donde se acuestan tres, y amanecen dos.» Pero es sólo un decir: en otras provincias, que no me toca nombrar, el índice de criminalidad es mayor. Y como son famosamente largas las familias manabitas, hay otro dicho, que se opone al anterior: «Manabí, tierra de Dios, donde amanecen tres acostándose dos.» Este parece más aceptable a la biogeografía y al gusto.

Pero dejemos, por un momento, en

su paz a los manabitas o a los *manabas,* como popular y cariñosamente se los llama, para que este relato vaya derecho, de norte a sur, si es que lo derecho corre de este modo.

El reino negro

Lo fue de cierto. Pasó que un día de octubre de 1553, el navío de un sevillano, traficante en ébano de carne y hueso, hizo puerto, forzado por el mal tiempo, en la ensenada de El Portete, cerca de los cerros de Monpiche, al sur de la ciudad de Esmeraldas, entre el laberíntico estero de Cojimíes y el río Muisne. Bus-

*El 21 de septiembre de 1526 se fundaba la población de Esmeraldas,
humilde caserío entonces
y hoy pujante urbe en franco camino hacia el progreso.*

caban los españoles bastimentos en tierra, cuando una gran marejada destruyó el barco contra los arrecifes. Veintitrés negros esclavos —diecisiete hombres y seis mujeres—, que iban a ser feriados en Lima, procuraron su libertad monte adentro, mientras sus propietarios morían de hambre y fatigas al tratar de seguir al sur por la *manigua*. Un negro llamado Antón hizo de cabecilla. Venció a los indios aborígenes, los cayapas, parientes de los colorados (que se pintan el rostro con rayas rojas) de Santo Domingo, zona subtropical de la vecina provincia serrana de Pichincha; y con otros, que

prefirieron sabiamente la paz a la guerra, hizo buena amistad, mezclándose así negros con algunas *coloradas* (recuérdese que sólo arribaron a esa costa seis mujeres para diecisiete hombres) y dejando la base genética que posteriormente, con el aporte blanco, daría un mulato de hermosas facciones y esbelto cuerpo.

Cuando a Antón le tocó morir, la discordia por el mando fue ganada por un joven negro, «ladino e industrioso en la guerra», según Cabello Balboa, que lo conoció. Llamábase el joven, como entonces era el uso, con el nombre de su amo sevillano,

Alonso Illescas, y llegó a ser poderoso señor, sobre todo cuando reprimió el alzamiento del cacique colorado Chilindauli.

En 1568, enviado por la Audiencia de Quito, vino a Esmeraldas de gobernador un Andrés Contero, resuelto a castigar a Alonso para poder conquistar y colonizar esas tierras. Pudo apresarlo; pero un soldado canario, Gonzalo de Avila, apasionado por la bella hija del régulo negro, lo hizo escapar, escapándose él y ella también, por supuesto. Contero volvióse a Quito con todos sus ánimos desalentados. Entretanto, el reino negro habíase extendido con el aporte de otros esclavos sublevados, que viajaban de Nicaragua al Perú. Por último, otra nave zozobró en 1577. Sus pasajeros españoles fueron tratados con benévola hospitalidad, y dos de ellos contaron en Quito lo ocurrido. Viéndose entonces una nueva oportunidad de penetración, y con el deseo de establecer un puerto cercano a Panamá, no sólo para el comercio, sino para que sirviese de defensa de la Audiencia contra los ataques de piratas y otros enemigos parecidos, enviados por Inglaterra, Francia u Holanda, cada vez que, abierta o soslayadamente, una de estas potencias hacía la guerra al imperio español; se designó, con autorización episcopal al ya indicado presbítero Miguel Cabello Balboa, para que, acompañado de cuatro españoles, llevase al negro Antón, no sólo una cédula de perdón, sino también el nombramiento de gobernador de Esmeraldas.

Cuenta Cabello Balboa que, al ver acercarse al caudillo en su real canoa, le gritó: «¡Llegue el señor don Alonso Illescas, y goce del bien y la merced que Dios Nuestro Señor y su Majestad le hacen en este día!» A lo que el negro respondió: «¡Alonso me llamo yo, y no tengo ningún don...!» El don, como sabe el lector, significa de origen noble, pero el presbítero le explicó que el rey le otorgaba el

Turismo y petróleo: dos caras del progreso

tratamiento, junto con el mando de la provincia, sólo con la condición que le dejase cristianizar a sus súbditos, negros, indios y zambos. Las paces no duraron mucho, porque los indios cayapas se negaron al sometimiento, comprendió Alonso que no debía enfadar a sus aliados, y el presbítero, advirtiendo señales de «gente alterada», huyó por fragosos caminos hasta volver mohíno y entristecido a Quito.

Sólo en 1598, a los setenta años del descubrimiento de la provincia, tres esmeraldeños principales, don Francisco de Arroba y sus dos hijos, embajadores del negro Illescas, se presentaron en Quito a negociar las relaciones con el gobierno del rey. El famoso pintor Adrián Sánchez Galque retrató a los mulatos plenipotenciarios del reino negro, vistiéndolos en el lienzo con sus originales orejeras de oro y con inventados ropajes de ricos caballeros españoles. «Los primeros mulatos de Esmeraldas» fue el título del cuadro, enviado como obsequio a Felipe III, en ese primer año de su reinado.

Pero la provincia permaneció virtualmente aislada y autónoma por largos años más. Sus actuales habitantes han heredado el genio rebelde de los valientes fundadores de su historia moderna y occidentalizada. Hoy la unen con Quito caminos de tierra y de rieles, y de aire con toda la república. El antiguo aislamiento del reino negro ha sido superado.

El contorno esmeraldeño

De oriente a occidente, y hacia el sur, el perfil de la costa esmeraldeña empieza con una vasta extensión verde, árboles corpulentos, palmeras, enredaderas y plantas parásitas gigantescas, fruto de una humedad tropical que, desde las estribaciones de la cordillera andina, llega hasta las playas del Pacífico. Su vegetación

es semejante a la de las regiones amazónicas. Continúa el litoral en la dirección antedicha, desde los límites con Colombia, hasta sobresalir, como si los montes esmeraldeños de Atacames lo empujase mar afuera, en Punta Galera y el cabo de San Francisco. Mucho antes, en el norte, se abre, hacia el este, el puerto de San Lorenzo, a la desembocadura del río Santiago, un puerto con sólidas construcciones y aguas reposadas. Bastante al oriente, y sobre la margen izquierda del río Cayapas, que se junta al acercarse al mar con el Santiago, se encuentra Punta Venado, donde habita el núcleo principal de los aborígenes, que fueron en un momento, como ya sabéis, amigos de los negros, pero de quienes desconfían, llamándolos «juyungos», que significa mono malo, mono negro, o simplemente demonio. «Juyungo» es el título de una hermosa novela de Adalberto Ortiz, donde se canta en buena prosa un poema a la selva y a los ríos de Esmeraldas, y a sus negros y mulatos rebeldes.

San Lorenzo se une al altiplano (Ibarra, al norte de la capital ecuatoriana) por un ferrocarril. Es el puerto ecuatoriano más cercano al canal de Panamá, con un relativamente considerable movimiento de exportación, que sirve a tres provincias de la sierra septentrional: Carchi, Imbabura y Pichincha.

El sistema del río Santiago está compuesto de cuatro ríos caudalosos y numerosos tributarios menores que provienen de las alturas serranas de la vieja zona Imbaya. De aquellos cuatro, es el Cayapas el más navegable y ancho, aurífero en la zona montañosa, mientras corre a confluir con el Santiago de sur a norte, casi en ángulo recto. Por esas zonas montañosas y las de la cordillera de Toisán hay pasos que conducen al altiplano, por donde probablemente

HUMBERTO VACAS GÓMEZ

CARCHI E IMBABURA

Geografía y orografía

Para escribir sobre dos provincias ecuatorianas, situadas en el extremo norte de la región interandina, es menester analizar el contexto geográfico que da carácter singular a nuestro país. El Ecuador tiene tres regiones claramente definidas. La anteandina o la costa, la trasandina u oriental y en medio de ellas la denominada propiamente interandina, encerrada en dos murallones pétreos, solemnes, que son las cordilleras de los Andes. A pesar de las marcadas diferencias orográficas, hidrográficas y climáticas que existen entre dichas regiones, se completan y se integran. Las unas sin las otras languidecerían como amputadas en sus estructuras orgánicas. Los mismos accidentes orográficos señalan los hitos que las enlazan. Las cordilleras no se levantan abruptamente, cerrando pasos. Tampoco son paredes verticales para dividir o aislar. En muchos sitios declinan, se filtran, penetran hasta convertirse en las extensas llanuras del litoral o en las intrincadas selvas del oriente. Por eso, a poca distancia y a lo largo de los imponentes macizos andinos se encuentran muchas y extensas zonas subtropicales. Son los corredores vitales que enlazan las tres zonas. Sin embargo de que los Andes se prolongan a Perú, Bolivia y Chile, el auténtico país andino es el nuestro. Alguien dijo, con toda razón, que los Andes son al Ecuador como los Alpes a Suiza. En efecto, las dos cordilleras corren paralelas de norte a sur, es decir desde el Carchi al Macará. La Oriental es la mayor y ciclópea, la Occidental menor en estatura y con suaves declinaciones. Pero

El mercado indígena de Otavalo reúne a los artesanos de la región en un derroche de belleza y color.

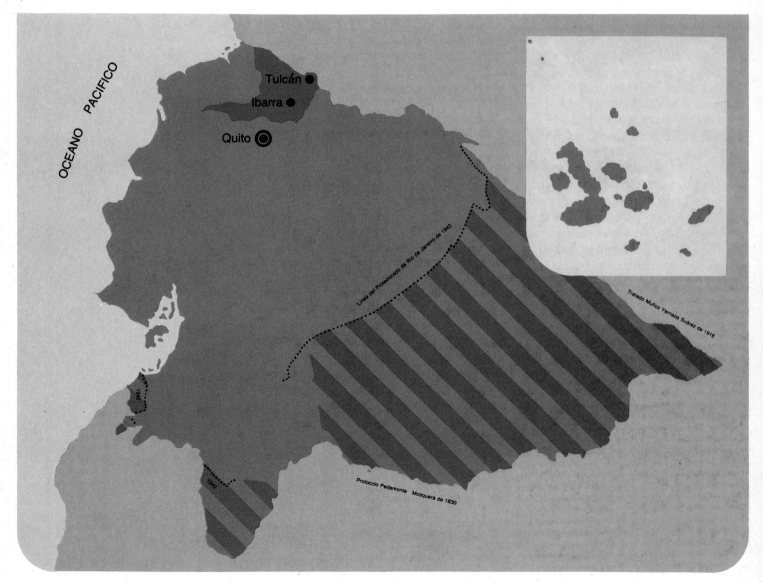

Rumiñahui y Otavalo: símbolos de la nacionalidad

rizonte. Entre esas peligrosas breñas y al abrigo de sus rugosidades sigue luchando, gozando y sufriendo desde tiempo inmemorial. Sucesivas civilizaciones nacieron, se desarrollaron, florecieron y decayeron a lo largo de los Andes, en lo que hoy es Bolivia, Perú y Ecuador. Antes de la conquista española hubo poderosos imperios jerárquicamente organizados, con rígidas clases sociales y con ejércitos disciplinados y numerosos. Tales los casos de los aymarás, los incas, los caras, los quitus.

En los territorios de lo que hoy se conoce como provincias de Imbabura y Carchi moraban pueblos al-

El cacique Rumiñahui (arriba, busto en Otavalo) es uno de los símbolos de la nacionalidad ecuatoriana. Fue general de Atahualpa y como tal defendió aguerridamente su tierra contra los conquistadores españoles.
A la derecha: *La catedral de Ambato.*

Página doble anterior: *El volcán Imbabura, uno de los reyes andinos.*

tivos. Jamás se rindieron totalmente a las conquistas de los quitus, de los incas y luego a la de los españoles. Han quedado recuerdos imborrables de la obstinada resistencia que presentaron a los invasores pastos, tulcanes, caranquis e imbayas. Heroica fue la defensa de la fortaleza de Caranqui ante la arremetida de los ejércitos de Huaynacapac y luego la batalla, que ha quedado en la historia como un hito casi legendario, en la que murieron treinta mil soldados en las márgenes del lago cuyas aguas se tiñeron de sangre y por tal razón se lo bautizó de Yaguarcocha, que significa lago de sangre.

El indio marginado

La conquista española arrasó las civilizaciones aborígenes. Las cortaron de tajo, ocasionando una ruptura irreparable entre conquistadores y conquistados. Con miopía increíble redujeron al indio a la condición de bestia e inconscientemente y a la larga le convirtieron en una pesada carga para la economía, porque apenas produce y consume menos.

Esa total marginación del indio fue uno de los más costosos desperdicios vitales que sufrieron los pueblos andinos. Así, la llamada civilización blanca quedó amputada, sin el concurso dinámico del factor humano mayoritario reducido a la inercia. La consecuencia de tal hecho ha sido la pauperización de las grandes masas y el subdesarrollo que se arrastra como un pesado lastre.

En Imbabura han sobrevivido numerosas parcialidades indígenas y a pesar de la marginación de siglos, han dado pruebas fehacientes de considerable capacidad intelectual y destreza manual. Es célebre la industria de tejido de los indios otavaleños. Pero esas aptitudes han sido desaprovechadas, porque no se les ha permitido incorporarse a la civilización mestiza.

La provincia del Carchi

En la provincia del Carchi el problema indígena es menor. Esto obedece a diversos factores. En primer lugar, nunca fueron pueblos cohesionados, ni formaron parte ni se sumaron a los grandes imperios aborígenes. Lucharon bravamente contra los conquistadores y cuando fueron derrotados se dispersaron, internándose en zonas inhóspitas, en los dilatados páramos que ocupan la tercera parte del territorio carchense.

Las grandes convulsiones de la independencia

Todos sabemos que las colonias españolas en América del Sur comprendían: Caracas, Panamá, Santa Fe, Quito, Lima, Cuzco, Chacras, Santiago y Buenos Aires. La presidencia de Quito, creada en 1564, se extendía por el norte a Pasto, Popayán, Cali, Buga. Con la victoria de Pichincha el 24 de Mayo de 1822, se consuma nuestra independencia política y accediendo a los deseos del Libertador Bolívar «el árbitro de la paz y de la guerra», se incorpora a la Gran Colombia. Fue efímero ese audaz intento de fusión de tres pueblos. Venezuela inició el desbande y en 1830 las ambiciones políticas y de los políticos, separaron a lo que se denominó de manera impropia república del Ecuador. Las poblaciones de Pasto, Buenaventura y Popayán, dependientes de la presidencia de Quito, se incorporaron voluntariamente al nuevo estado e incluso enviaron sus representantes al primer Congreso ecuatoriano que se reunió en el año 1831. Colombia, contrariando la voluntad de esos pueblos, usó la fuerza e impuso su voluntad después de una guerra adversa para nuestro naciente país. En diciembre de 1831 se firmó en Pasto el tratado de paz en el que se fijó como límite fronterizo entre las dos repúblicas, el río Carchi. Difícil

El tradicional mercado de Otavalo tiene lugar todos los sábados. Las transacciones empiezan al amanecer.

Verdaderos maestros de los hilados, la cestería y la cerámica se dan cita en Otavalo.

La feria de Otavalo no es sólo un encuentro de comerciantes, sino la ocasión propicia para aprender algo nuevo sobre tejidos o disfrutar de la cocina popular.

es encontrar accidentes geográficos naturales que limiten radicalmente las fronteras de dos países. Generalmente son líneas convencionales acordadas por las partes e impuestas a veces por la fuerza de las armas y el poderío de los Estados. Cuánta sangre se ha derramado y se han gastado ingentes recursos de los pueblos a nombre de los territorios o líneas fronterizas que hasta hoy encarnan, en muchos sentidos, la dignidad de los pueblos y cuántos atropellos y depredaciones han consumado los Estados fuertes a costa de los débiles.

En el caso que nos ocupa, la hoya del Carchi es un fragmento de la hoya del Guáitara, hoy perteneciente a Colombia. Es decir, son una misma entidad geográfica. En nuestro lado quedaron los páramos más extensos, cubiertos de una planta alta con vellosidades, y una flor parecida al girasol. Se llama frailejón y ocupa grandes extensiones de los páramos del Carchi, que dan al paisaje una apariencia fantasmal en esas alturas enrarecidas y generalmente cubiertas de niebla. Por lo demás, el territorio de la provincia es quebrado, pero pintoresco, con volcanes menores como el Chile y el Cumbal, con nudos como los de Boliche y Huaca, en cuyo interior se forman valles

fértiles con climas benignos y otros con temperaturas ardientes, bastante cerca los unos de los otros. De todo tiene el Carchi: volcanes, alturas, páramos, zonas templadas, valles tibios y llanuras ardientes como la del Chota. La producción es así mismo variada. Desde los productos de la zona fría hasta los de las zonas subtropicales.

Consecuentemente, la agricultura y la ganadería en buena parte aún explotadas empíricamente, son las fuentes principales de actividad. El intercambio comercial es muy activo con el sur de Colombia. Particularmente el contrabando se ha erigido en una institución tolerada por las autoridades, por la falta de suficientes fuentes de trabajo. Solamente se

Alegría y color, ésa sería la mejor definición de Otavalo en su día de mercado. Y, cómo no, también la supervivencia de lo indígena.

vigila la aduana de Rumichaca. Sin embargo de eso, por ella pasa a Colombia y viceversa un considerable volumen ilegal de mercaderías, aparte de la mayor filtración que ocurre a través de la extensa frontera. Mientras no se creen nuevas fuentes de trabajo, se establezcan industrias agropecuarias y se incrementen la agricultura y ganadería que también

Variedad y grandeza del paisaje en el norte

tienen magníficas perspectivas en las fértiles zonas oriental y occidental, la provincia del Carchi seguirá estancada en su desarrollo. En su pequeño territorio de 4411 kilómetros cuadrados habita y trabaja una población predominantemente mestiza, pero laboriosa y altiva de 120 857 habitantes que podrían convertirse en el motor más efectivo de progreso si tuvieran nuevas y mejores oportunidades. Pero eso no ha sucedido hasta hoy. Su capital, Tulcán, actualmente con 24 398 habitantes, ha aumentado apenas 13 775 habitantes desde que se realizó el primer censo en 1950. Eso revela su estancamiento.

Un poco de historia boba

Los pastos, tulcanes y otras tribus aborígenes pertenecieron hasta 1606 al corregimiento de Otavalo y luego a la jurisdicción de Ibarra en la Colonia. Como era su costumbre, los españoles sometieron a los indígenas de esas parcialidades a una brutal esclavitud. Les arrancaban de sus tierras altas y frías para que trabajasen desde antes del alba hasta la noche en los climas tibios o ardientes de Ibarra y El Chota y en otros lugares inhóspitos. Llegó a tales extremos la crueldad que una Provisión Real, dictada desde España, prohibió teóricamente esas prácticas, «porque de continuar llegarían a extinguirse los indígenas». El cronista de Indias, Cieza de León dice: «Y como los españoles aprietan a los indígenas, queman éstos sus casas en que moran que son de madera y paja y vanse a otros sitios y si de allí también los van a buscar, dejando aquel sitio van adelante a otras y a donde quieren...»
Esa trágica e implacable persecución determinó en lo que hoy se llama la provincia del Carchi la dispersión y, consecuentemente, el despoblamiento indígena, lo que no ocurrió en Imbabura y en otras regiones de

Página doble anterior: *Madre otavaleña con su hijo a las espaldas.*
Página anterior: *Pueblo de San Gabriel y grutas de Rumichaca.*
Abajo: *Laguna de Cuicocha y al fondo el volcán Cotacachi.*

la sierra. Obviamente se consumó el mestizaje, impuesto como todo en la conquista española. Pero es fruto vital de discordia, de rencor. El mestizo odia y desprecia al indio, pero también odia taimadamente al blanco a pesar de que aparenta sumisión. En el Carchi, el valle del Chota es habitado por negros que fueron inicialmente esclavos transportados del Africa. Sus descendientes son mulatos.

Zona relegada

Tulcán, hasta 1851, fue parroquia de la provincia de Imbabura, sin embargo de que le separaba de Ibarra una inmensa distancia si se la relaciona con la falta de caminos y de medios de locomoción, entre los cuales el caballo y la mula eran los más usados y rápidos. Es decir, la región y la población más importante de la zona fronteriza con Colombia, estaban aisladas y casi abandonadas de la administración provincial y más aún de la nacional.

Por fortuna la legisladura de 1815 accediendo a la solicitud de los vecinos de Tulcán la erigió en cantón y treinta y un años después, se la elevó a la categoría de provincia con el nombre de Veintimilla, en honor del entonces tiranuelo que dominaba al país, general Ignacio de Veintimilla.

Tres años después, la Asamblea de 1884, le dio la denominación actual, que responde a una realidad geográfica permanente.

Esa provincia tiene tres cantones: Tulcán, que es a la vez la capital provincial, Espejo y Montúfar.

La provincia de los lagos

Imbabura tiene 5669 km² de territorio y según el último censo de población, realizado hace cuatro años, 216 027 habitantes. Posiblemente es la más hermosa provincia ecuatoriana por la variedad, el color y la ar-

*Las mujeres del Chota son conocidas por su belleza y laboriosidad.
A pesar de que la vida en esas áridas tierras
está llena de privaciones y dificultades, siempre hay un momento para la ternura.*

impulsado por fuertes presiones, el general Santander, vicepresidente de la Gran Colombia, les devolvió las calidades de provincias a Imbabura, Chimborazo y Manabí. Es decir desde Bogotá, en tres años, se cambió el estatuto político-administrativo de Imbabura y de otras provincias de la Audiencia de Quito con una veleidad e inconsistencia como si se tratase de un juego de niños. Eran las convulsiones del nacimiento de una nueva época para estos pueblos. Se acercaba la desmembración, es decir la ruptura en tres pedazos del sueño o ensueño más caro de Bolívar. Tal tejer y destejer fue, en definitiva, el

duro tributo que se paga por la infancia de los pueblos, la falta de preparación y visión de sus caudillos militares y las desaforadas ambiciones de los políticos.

Historia heroica y trágica

Imbabura e Ibarra contribuyeron decisivamente a luchar y a derrotar a los españoles. Después de la victoria de Pichincha, se creía consolidada definitivamente la independencia política de la Audiencia de Quito, pero en el norte se levantó un ejército realista de pastusos que pretendía restaurar la dominación hispánica.

Con la celeridad con que solía actuar, Bolívar les sorprendió el 17 de julio de 1823 y les derrotó en la célebre batalla de Ibarra con la cooperación de los vecinos de la región. También en las frecuentes luchas intestinas de nuestra convulsa vida política, han participado imbabureños y carchenses con singular denuedo.

No hay ciudad ecuatoriana que haya sido completamente arrasada por un terremoto como lo fuera Ibarra, a pesar de que nuestro país ha sufrido frecuentes movimientos terráqueos de intensa magnitud. A la una de la madrugada del 16 de agosto de 1868

De la placidez al vértigo de la velocidad

por la decisión inexorable de García Moreno, se reedificó la capital en el propio suelo antes devastado. Muchos sobrevivientes habían fundado ya un pueblo en un sitio denominado La Esperanza y anhelaban que fuera el núcleo de la nueva capital.

Hoy Imbabura e Ibarra están en franco camino hacia el progreso. La carretera panamericana norte enmendada en su trazado anterior, ensanchada y pavimentada le ha facilitado una mejor y más rápida comunicación y un notable incremento de sus actividades. Sin embargo, mucho tiene que hacer en muchos aspectos. La magnificencia de sus paisajes, la armonía de sus montañas, sus lagos y lagunas nunca tan bien ponderadas por sus bellezas, hacen de esa provincia una de las atracciones más importantes y espectaculares del Ecuador. Pero el turismo apenas está iniciando sus actividades. Tiene mucho camino que recorrer si quiere constituirse en renglón importante de ingresos para ese privilegiado rincón de la patria.

Es hora de las rectificaciones

La estructura social y económica que impusieron los españoles, más propiamente la trasplantaron de la península a los territorios indígenas que conquistaron hace más de cuatro siglos, se conserva hasta hoy casi intacta, con algunas modificaciones más de forma que de fondo impuestas por el tiempo y por el oleaje humano que esculpe la historia buscando la justicia.

Sin lugar a duda alguna, el Ecuador ha progresado, pero desafortunadamente en menor escala que muchos de los países de América Latina. Sigue afrontando graves problemas por la desigual expansión económica, por la parcial e inadecuada explotación de sus recursos que son considerables en muchos campos, por la falta de preparación de buena parte de sus pobladores que en alto por-

un violentísimo terremoto destrozó Ibarra y muchos poblados de la provincia. En ese tiempo, es decir 110 años atrás, se calculó que más de veinte mil personas murieron atrapadas y trituradas por los suelos que se agrietaban, se abrían y cerraban convulsivamente y por las caídas de los edificios. Esa tragedia revistió tal magnitud que el gobierno de enton-

ces nombró al temible doctor Gabriel García Moreno, con todas las facultades ordinarias y extraordinarias, de jefe civil y militar de la desventurada provincia. Con su carácter férreo y su mano dura, logró poner orden en ese caos. Cuatro años después resurgió Ibarra de sus escombros. Luego de mucho discutir, de sobreponerse al terror y, sobre todo,

Carchi e Imbabura, más aún cuando esta última tiene masas indígenas aún marginadas que subsisten precariamente a través de un elemental esfuerzo de producción y cuando la mayoría de los pobladores está formada por el mestizo que aún no ha logrado realizar un positivo esfuerzo para mejorar su condición. En general, trabajan en las haciendas, en las industrias, en las fábricas, en las artesanías y ahora la meta ideal de sus descendientes es ingresar en turbamulta a las universidades que preparan mal y lanzan masivamente profesionales sin éxito. Este proletariado intelectual es la leña que alimenta el fuego de los extremismos y de la demagogia. En suma, existen aún grandes sectores humanos soportando una situación económica estrecha y en buena parte lindando en la miseria. Esta grave situación debe ser modificada a plazo corto. La tarea es gigantesca pero no imposible.

centaje es analfabeto, por la incompleta e ineficaz educación en todos los niveles que se imparte a los que ingresan a los institutos de enseñanza. Es decir, sufrimos considerables déficits de personal preparado en todas las áreas de actividades.

La zona rural ecuatoriana continúa desatendida. Carece casi de todos los servicios básicos. Las veleidades en la aplicación de la reforma agraria han estancado la producción agropecuaria. Se producen alimentos pero no en la medida de las necesidades de una población que aumenta a ritmo acelerado. Ante esta inopia los jóvenes campesinos salen a las ciudades en busca de trabajo. En la mayor parte de los casos no lo encuentran y engrosan los cinturones de miseria que ya existen en Quito y particularmente en Guayaquil.

Esta desobligante tónica se agrava en las pequeñas provincias como

Cerca de Ibarra existe un lago llamado Yaguarcocha (a la derecha) que significa «lago de sangre». En efecto, en sus orillas se libró una terrible batalla entre los incas y los caranquis que cobró tantas víctimas que el agua se tiñó de rojo. Actualmente una pista para carreras de autos ha sido construida a su alrededor.

FRANCISCO TERÁN

EL ORIENTE

El nombre

Con la sencilla designación de uno de los puntos cardinales se conoce al fragmento de la Amazonía que el Ecuador ha podido retener en la vasta cuenca del gran río descubierto precisamente desde Quito, con recursos humanos y materiales quiteños como resultado final de la épica aventura protagonizada por los gobernadores de Quito y de Guayaquil, Gonzalo Pizarro y Francisco de Orellana.

El acicate de la aventura germinó en Cajamarca, en la morada donde el inca Atahualpa, originario de Quito, guardaba prisión hasta completar el volumen de metales preciosos que había ofrecido a sus captores para alcanzar su perdida libertad. Los primeros cronistas aseguran que el inca, en una de las visitas que recibiera de sus súbditos quiteños, recibió algunos presentes traídos de la tierra lejana. Entre éstos había las flores casi leñosas, en forma de conos, del canelón americano que los indios llamaban *ishpingo*. Manojos del curioso presente obsequió el inca a algunos de los españoles que se complacían con el cultivo de su amistad y que, incluso, le enseñaron a jugar ajedrez. Al restregar en sus manos las curiosas flores, percibieron un olor similar al de la canela asiática, tan preciada para los europeos recién llegados como el oro. Las carabelas de Colón, precisamente, se lanzaron hacia el occidente ignoto en busca de una nueva ruta que las condujera a tierras del Asia oriental llamadas tierras de las especierías, en razón de que la ruta de oriente la habían cerrado los turcos con la toma de Constantinopla.

Esta niña jíbara encarna todo lo que sugiere de misterioso y lejano el oriente del Ecuador.

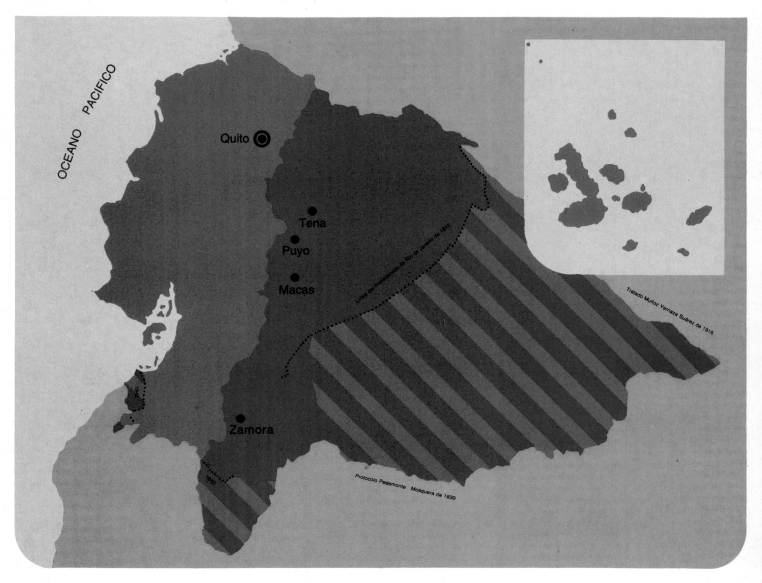

168

El hechizo de una naturaleza deslumbrante

Francisco Pizarro y sus capitanes se interesaron mucho por averiguar sobre la procedencia del exótico producto. Atahualpa les informó que los árboles que lo producían crecían al oriente de Quito, transmontando unas elevadas montañas.

A raíz de la fundación española de Quito (6 de diciembre de 1534), uno de sus primeros vecinos hispanos, Gonzalo Díaz de Pineda, realizó las exploraciones iniciales para entrar a esa provincia de los quijos en cuyas tierras crecían los árboles de la canela, transmontando los Andes. Tal era la importancia que los españoles dieron a la información de

La existencia de las inmensas selvas del oriente ecuatoriano se remonta a tiempos antediluvianos. La altura de la vegetación sobrepasa, a veces, los 30 m con lo que se consigue una calma casi absoluta dentro de la selva. En el reino animal proliferan especies que han debido de adaptarse a vivir sólo en las copas de los árboles, como el puerco espín de árbol y el perezoso.

Atahualpa, que Francisco Pizarro designó a su hermano Gonzalo gobernador de Quito, adonde debía trasladarse dejando sus ricas encomiendas de Charcas, con el especial encargo de explorar las tierras de la canela, recomendación que la cumplió en 1539. Su temeraria aventura preparada en Quito, en efecto, la llevó a cabo acompañado de más de un centenar de los primeros vecinos hispanos de Quito, de no menos de dos mil indios cargadores de caballos, de vituallas y de armas. Los resultados estuvieron muy lejos de corresponder a tantos esfuerzos, pero en cambio, de manera inopinada, el socio y compañero de la aventura, el teniente de gobernador de Guayaquil, Francisco de Orellana, quien bajara por el Coca y luego por el Napo en busca de alimentos para los hambrientos expedicionarios, ríos ambos de torrentoso curso que hacía del todo imposible el retorno contracorriente, llegó al caudaloso Amazonas el 12 de febrero de 1541, protagonizando uno de los descubrimientos geográficos de mayor trascendencia en el continente aún brumoso y harto desconocido.

El mito del cacique dorado

La búsqueda de la canela pronto quedó olvidada, pues el supuesto fácil enriquecimiento de los *caneleros* no alcanzó a convertirse en realidad. A corto plazo apareció otro acicate mayor que impulsó a los conquistadores a continuar las exploraciones de las tierras del oriente, donde la fantasía de los hispanos recién llegados, con rezagos de la mentalidad del medioevo, ubicó el asentamiento del cacique dorado, mito en cuya búsqueda remontaron primero las aguas del Orinoco, cruzaron las llanuras del Meta después y ascendieron por fin a la meseta de Cundinamarca, región esta última donde los informantes indígenas ubicaban la laguna de Guatavita en cuyas aguas

se bañaba el legendario cacique, como acto previo a la unción de aceites que debía retener sobre su cuerpo desnudo el polvo de oro que le daba el fantasioso nombre. Pero fue en la Amazonía, donde más insistentemente se aseguraba que vivía el cacique dorado, siendo su provincia la de Omagua; acerca de ella, ya Gonzalo Pizarro da breve información al emperador en su carta fechada en Tomebamba (Cuenca), el 3 de septiembre de 1542, al relatar su fracasada aventura a la tierra de la canela. Más tarde incluso, se designó gobernador de la mítica provincia de Omagua al desafortunado Pedro de Ursúa. En la expedición organizada para tomar posesión de ella, el tristemente célebre Lope de Aguirre se constituyó en protagonista insano que escribió con sangre lo que la historia y la literatura han llamado con sobrada razón «La locura ecuatorial del Amazonas».

Los tenaces aventureros no encontraron a El Dorado, pero el mito contribuyó eficazmente al esclarecimiento, en parte al menos, de la oscura geografía de las tierras amazónicas, para lo cual primero hubieron de buscar los cruces más viables de los Andes, ya desde Quito, ya desde Cuenca, ya desde Loja o ya desde Popayán al norte. Sin duda alguna, las exploraciones más atrevidas y que más decididamente contribuyeron al mejor conocimiento de las tierras amazónicas y a su incorporación a la gobernación de Quito, fueron, después de la aventura de Pizarro y Orellana, las que partieron desde Loja y el Azuay, venciendo una complicada y difícil orografía, esguazando torrentes con valentía temeraria y soportando rigores climáticos con indumentaria escasa e inapropiada: el capitán Diego de Vaca y Vega se internó por extrañas regiones, atravesando ríos numerosos hasta dar con el curso del Marañón que lo siguió hasta establecer centros de población y bases de gobierno en Mainas: Juan de

Los solemnes y virginales ríos del oriente

Salinas Loyola y Pedro de Vergara, encomenderos de Loja y del Azuay, bajaron por el curso del Chinchipe hasta su desembocadura en el Marañón, cuya corriente siguieron luego hasta el pongo de Manseriche, habiendo establecido el gobierno de Jaén. Los mismos, en un segundo viaje, descubrieron y dominaron las tierras que formaron el gobierno de Pacamoros y Yahuarzongo.

Gil Ramírez Dávalos, el fundador de Cuenca, fue otro de los grandes pioneros de la región oriental donde estableció bases de población como Baeza de los Quijos. Y más hacia el norte, el capitán Francisco Pérez de Quesada puso los principios de la gobernación de Mocoa y Sucumbíos, internándose desde Popayán al sureste, como había proyectado hacerlo años atrás Sebastián de Benalcázar, el fundador de Quito y más tarde gobernador de Popayán.

La obra colonizadora inicial

Con la intervención e influjo de los exploradores mencionados, quedaron a un lado los mitos de la canela y El Dorado, y, auscultando los recursos reales del oriente, que fueron principalmente los referentes al aprovechamiento de los lavaderos de oro formados por los ríos que descienden de los Andes y que alimentan los grandes tributarios del Amazonas, trataron de someter a los indios de la selva agrupándolos en repartimientos y encomiendas, como se hacía con los de la sierra, a fin de destinarlos al laboreo de algunas minas y a la explotación de los placeres auríferos, echando para ello los cimientos de poblados a los cuales pomposamente llamaban ciudades. Y así aparecieron Borja y Jeveros en Mainas; Jaén a orillas del Chinchipe; Zamora y Santiago de las Montañas en Yahuarzongo; Alcalá y Avila a orillas del Coca; Salinas, Logroño y Sevilla

*Los ríos del oriente abren sus rutas de agua
por entre las selvas milenarias.
De izquierda a derecha: Los ríos Napo, Quevedo y Pastaza.*

del Oro en las cuencas del Upano y del Morona, etc. Estos centros de población, por circunstancias de aislamiento especialmente y debido a su difícil comunicación con los centros poblacionales de la sierra, así como la reacia actitud de los indígenas que estaba muy lejos de la paciente sumisión de sus hermanos del altiplano, no prosperaron.

Terribles rebeliones como las de los quijos dirigida por Jumandi, o la de los jíbaros dirigida por Quiruba, arrasaron las nacientes ciudades, de las cuales no es posible hoy ni siquiera determinar con precisión el sitio donde estuvieron asentadas.

Los poblados actuales, algunos de los cuales conservan los nombres de las fundaciones españolas, en raros casos corresponden a los sitios que ocuparon aquéllas.

La fiebre de los lavadores de oro, especialmente en la cuenca del Upano y en las de los ríos que forman el Napo, duró muchos años a lo largo de la colonia y aun de la República, dando origen a nuevos poblados en el piedemonte de la cordillera, como Méndez, Sígsig, Gualaquiza, Puerto Napo y otros.

A la fiebre del oro sucedió la del caucho, a principios de este siglo para satisfacer la gran demanda de la

industria automovilística. Recuerdo de ella en la Amazonía es la gran ciudad de Manaos en el ámbito brasileño: desde allá, remontando tanto los tributarios meridionales como los septentrionales del Amazonas, los caucheros avanzaron hasta muy cerca de las estribaciones de los Andes en busca del preciado producto, que lo recolectaban sometiendo a su terrible paso a dura esclavitud a muchas tribus indígenas.

En la actualidad los móviles mayores que están determinando la migración hacia las tierras del oriente, son las actividades agropecuarias en el área del piedemonte andino y, de

173

Tierra de flores maravillosas

ca prehispánica. No así la Oriental, más alta, ancha, maciza, y uniforme, de materiales más antiguos como los granitos y esquistos cristalinos.

En el mayor y más elevado ensanchamiento de esta cordillera están ubicadas las misteriosas montañas de los Llanganati, que difieren tanto en su constitución geológica fundamental como en su aspecto orográfico y climático, con respecto a las áreas circundantes. La teoría que explica la formación de estas montañas es la de que se trata de un «arrecife geológico» de base granítica y con predominio de rocas metamórficas, las cuales, desde luego, se encuentran igualmente en los basamentos de la cordillera Oriental. Tales arrecifes geológicos se forman por levantamientos locales o por esfuerzos tangenciales contrapuestos, pero en ambos casos se trata de fenómenos locales muy diferentes de los que se manifiestan en grandes áreas, donde dan origen a levantamientos de orden mayor, que permiten la formación de las cordilleras de plegamiento, como es el caso de las cadenas andinas. Núcleo geológico y orográfico de los Llanganati es el cerro Hermoso o Yúrac Llanganati (4639 m) que no es una montaña de origen volcánico. Las condiciones cli-

manera más decisiva, la prospección y la explotación petroleras con la serie de actividades conexas.

La cordillera Oriental, valladar de las tierras del oriente.

El sistema andino del Ecuador está formado por dos cordilleras, la Occidental y la Oriental. La primera, menos ancha y de menor altitud promedial, presenta numerosas brechas y encañonados abiertos por los ríos que drenan en el Pacífico, y ha permitido la apertura de más vías de comunicación entre la región interandina y la del litoral, desde la épo-

máticas del área, caracterizadas por una humedad relativa del aire que se acerca al grado de saturación, lluvias constantes, prácticamente sin estación seca, bajas temperaturas y vientos que todavía las disminuyen más, hacen de los Llanganati una región repulsiva para la vida del hombre. Innumerables lagunetas y lagunas, riachuelos y profundas quebradas que drenan hacia el oriente arrastrando arenas auríferas, han dado oportunidad para que en torno a dicho sector se tejan numerosas leyendas, como aquella de que a la llegada de los españoles a tierras de Quito, al averiguar por el destino

corrido por los tesoros que desde acá eran conducidos a Cajamarca para el rescate de Atahualpa, los indios les informaron que su escondite estaba ubicado en esas misteriosas montañas; que Rumiñahui, el general que se propuso vengar la muerte de su soberano, había dispuesto que aquellos tesoros fueran escondidos en algún sitio remoto de los Llanganati, porque allá les sería imposible llegar a los conquistadores.
Como prolongaciones que se desprenden de la cordillera en unos casos, o como fragmentos de un ramal preandino que algunos designan «tercera cordillera», independiente de las

otras, hay una serie de pequeñas cordilleras que se interponen entre el verdadero sistema andino y la llanura amazónica propiamente dicha. Geógrafos modernos las llaman «preándides», por considerar que su formación precedió a la de los Andes. Su altitud inicial ha disminuido considerablemente, de preferencia debido a la erosión fluvial y pluvial. En estas bajas serranías cubiertas por la selva, en el sector septentrional, se levantan el Reventador (3485 m), volcán de constante actividad y hoy bastante explorado gracias a la circunstancia de que por sus faldas se ha tendido el oleo-

Los jíbaros: temidos reducidores de cabezas

ducto transecuatoriano; y el Sumaco (3900 m), que fue el punto referencial para orientarse, de Gonzalo Pizarro en su aventura descubridora de la tierra de la canela.

El alto oriente

Se trata en realidad del piedemonte andino, de superficie bastante irregular, cuya altitud promedial varía entre los 1000 y los 500 m, caracterizado por una excesiva humedad ambiental y copiosas lluvias que en algunos sitios, como Pastaza (antiguo Shell Mera) llegan a más de los 5000 milímetros anuales. Afortunadamente, el fuerte desnivel del terreno permite el rápido escurrimiento de las aguas por medio de los innu-

merables torrentes que constituyen las fuentes de los grandes tributarios del Amazonas.

Las serranías que ocupan extensa área de la subregión, aparecen como prolongación o desprendimientos de la cordillera Oriental.

Son motivo de gran interés geológico y espeleológico en estas montañas numerosas cavernas o cuevas como

la de los Tayos, en las estribaciones septentrionales de la cordillera del Cóndor; las de Yaupi en los solevantamientos orientales del río del mismo nombre, y la de Jumandi que es la de más fácil acceso, en el sector de Archidona. La cueva de los Tayos, nombre con el cual en el país se conoce a las aves nocturnas que la habitan y que en Venezuela son llamadas guácharos *(Steatornis Caripensis),* por sus proporciones y singular aspecto, ha atraído la atención no sólo de los espeleólogos y geólogos, sino de los estudiosos de otras ramas de la ciencia que han encontrado en esas profundidades motivos de variadas investigaciones científicas, así como otros han visto en ellas motivos de especulaciones harto fantasiosas, relacionadas con tesoros ocultos y con obras subterráneas de misteriosas civilizaciones.

Los shuaras, indios de la región, conocían desde tiempos inmemoriales la célebre cueva de los Tayos, a la cual penetran en determinadas épocas para cazar las crías o pichones ricos en grasa, de gran valor alimenticio para ellos. Un documento colonial del siglo XVIII menciona ya esta curiosidad de la región.

En el alto oriente, que en realidad es la zona de transición entre la sierra y la llanura amazónica propiamente dicha, se asienta el 90 % o más de la población de la región, dato que revela que tanto las condiciones climáticas, como la constitución de los suelos son propicias para las labores agrícolas, de tal modo que ofrecen seguridad al hombre y facilitan el asentamiento de colonos de toda procedencia.

Algunas poblaciones del alto oriente han crecido con rapidez inusitada, debido especialmente a la apertura o mejoramiento de las vías de penetración, y presentan, incluso, adelantos urbanísticos que contrastan con el primitivismo de la selva que las circunda. Tal es el caso de Tena, capital de la provincia de Napo; Puyo, capital de la provincia de Pastaza, que cuenta con la mejor carretera que la vincula con la sierra; Macas, capital de la provincia Morona-Santiago, en la cuenca del Upano, no lejos de la ciudad que los españoles fundaron con el nombre de Sevilla del Oro; y Zamora, capital de la provincia Zamora-Chinchipe.

El bajo oriente

Transmontadas las serranías de Napo-Galeras, Cutucú y Cóndor, se inicia la llanura amazónica —la Hylea de Humboldt—, donde los ríos se ensanchan limitados por bajas orillas, que permiten los desbordes e inundaciones. Los grandes tributarios septentrionales del Amazonas generalmente siguen el rumbo sureste. Son navegables en casi todo su curso, pero los que facilitan mejor la conexión con el Amazonas son el Putumayo y el Napo.

El Putumayo es un río eminentemente internacional y su libre navegación por parte de los países ribereños está plenamente garantizada por todos ellos. En efecto, desde su nacimiento hasta la confluencia del Cuimbé, sus orillas son colombianas; desde el Cuimbé hasta el Guepí, son colombo-ecuatorianas; desde el Guepí hasta el ángulo noroeste del trapecio de Leticia, colombo-peruanas; el lado norte del trapecio, exclusivamente colombianas; y fuera del trapecio, exclusivamente brasileñas. Aspiración irrenunciable del Ecuador es la de tener un contacto directo con el Amazonas, por razones de orden geográfico e históricas.

La constitución de los suelos del bajo oriente provenientes del terciario, son pobres químicamente para la agricultura, pues apenas disponen de una delgada capa de humus que desaparece rápidamente a continuación del desbroce de la selva. Como consecuencia ofrece limitadas perspectivas para el laboreo agrícola, salvo en ciertas y limitadas áreas no inundables.

La selva amazónica ecuatoriana suelen dividirla desde el punto de vista botánico, empleando las mismas designaciones utilizadas para la diferenciación orográfica, *selva alta* y *selva baja,* si bien resulta difícil fijar el límite de transición entre una y otra. En ambos casos, la densidad y apretujamiento de la vegetación arbórea, la desconcertante variedad de árboles dentro de una misma área y su gran corpulencia son sus características, como consecuencia del clima ecuatorial reinante: temperaturas que oscilan en torno a los 25°, elevada humedad ambiental e índice pluviométrico que va de los 3600 mm

Cuando los jíbaros terminaban el proceso de reducir una cabeza, la clavaban en un asta (a la izquierda) y danzaban alrededor de ella en cumplimiento de un viejo rito (derecha).

GUSTAVO VÁSCONEZ

LAS ISLAS GALÁPAGOS

Galápagos, archipiélago de Colón e islas encantadas como las han denominado por la exótica belleza de sus parajes, el embrujo de su panorama de reminiscencias antediluvianas y por la extraordinaria riqueza de su fauna y su flora que ha constituido un laboratorio viviente para los científicos de todas las épocas. Islas escondidas, rodeadas de escollos y roqueríos que trazan filigranas de lava petrificada y otras siluetas siniestras, enclavadas en el mar Pacífico a seiscientas millas del Ecuador, a donde se llega como decía Ortega y Gasset: «¡Qué emoción al arribar junto a este rebaño de islas negras, perdidas en el océano, bloques de lava bruna que terminan en encías de cráteres!».

Fueron descubiertas en 1535 por el obispo español fray Tomás de Berlanga que venía desde Castilla del Oro —hoy Panamá— en cumplimiento de una misión encomendada por el emperador Carlos V para moderar las disputas surgidas entre los conquistadores Francisco Pizarro y Diego de Almagro instituyendo justicia en el virreinato del Perú. La calma de los vientos así como la velocidad de las corrientes le llevaron, por azar, a tocar las islas encantadas. Herman Melville —autor de «Moby Dick»— que las conoció a su paso en algún barco ballenero, nos habla de estos desvíos: «A decir verdad hay estaciones en que corrientes absolutamente inexplicables se imponen hasta una gran distancia alrededor de todo el grupo y son tan fuertes e irregulares como para cambiar el curso de un barco contra su timón por más que se navegue a un promedio de cuatro millas por hora.»

Las islas Galápagos, o archipiélago de Colón, fueron descubiertas por fray Tomás de Berlanga, en 1535.

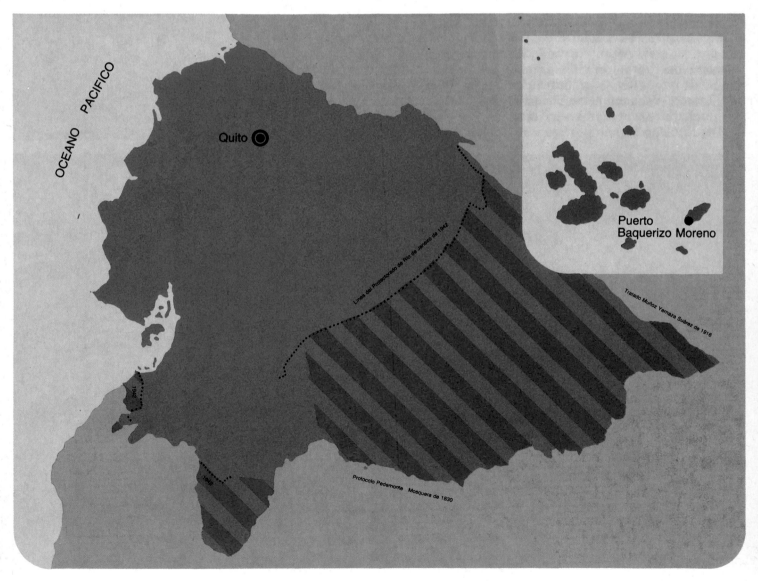

OCEANO PACIFICO

Quito

Línea del Protectorado de Rio de Janeiro de 1942

1942

1830

Protocolo Pedemonte   Mosquera de 1830

Puerto Baquerizo Moreno

Tratado Muñoz Yernaza Suárez de 1916

«Las islas encantadas» de Herman Melville

andanzas, realizando una de las cacerías más fructíferas y demoledoras de aquellos tiempos remotos. Establecieron en la isla Floreana una oficina de correos, consistente en un barril —que aún se conserva— donde depositaban sus cartas para que otros barcos transeúntes llevaran o trajesen la correspondencia.

Ciertas islas todavía no tienen nombres definidos puesto que los españoles las llamaron de una forma y los navegantes ingleses de otra. En total son seis mayores: Isabela o *Abermale;* Santa Cruz o *Indefatigable;* Fernandina o *Narborough;* Santiago o *James;* San Cristóbal o *Chatham;* Floreana o Santa María o *Charles.* Y otras menores: Marchena o *Binloe;* Española o *Hood;* Pinta o *Abington;* Genovesa o *Tower;* Pinzón o *Duncan;* Santa Fe o *Barrington;* Baltra; Rábida o *Jervis; Seymur* y numerosos islotes con una superficie total de 7844 km². Isabela la más extensa tiene 4588 km² y 5 km² *Seymur,* una de las más pequeñas. Pocas están habitadas por el hombre y las más permanecen primitivas por lo agreste de su geografía y la inexistencia de agua dulce.

Está descartada la teoría que las islas se formaron por un desprendimiento del continente y prevalece el criterio que constituyen masas de origen volcánico provenientes de erupciones que fueron acumulando lava en la superficie. Los vientos, las corrientes marinas y otros factores arrastraron, en el transcurso de una docena de millones de años, vegetales y materias vivientes que fueron creando las más raras especies —algunas únicas en el mundo— y los más variados animales de características singulares.

Los inmigrantes de otras regiones para no perecer tuvieron que adaptarse a las nuevas condiciones ambientales, dándose el caso que viajeros de zonas distintas, antárticas y tropicales, llegaron a convivir en la línea ecuatorial.

Las islas quedaron abandonadas —salvo reducidas expediciones posteriores— hasta que piratas y bucaneros las redescubrieron para convertirlas en refugio para el reparto de botines cuando aquellos filibusteros —igual a lo que sucedía en el Caribe— atacaban las naos de la Corona de España a fin de expoliarlas del oro, monedas y piedras preciosas que en demasía iban destinadas a la Casa de la Contratación de Sevilla, y que desde allí se repartían a todas las partes del imperio con el objeto de sufragar los gastos de conquista del emperador y, más tarde, de su hijo Felipe II. Allí se reple-

garon Ambrosio Cowly, el primero que trazara las cartas de navegación y pusiera nombres de nobles ingleses y reyes a las islas; Richard Hawkings, Brown, Davis, Morgan, William Dampier —poeta y escritor— y tantos otros. Aún se conservan en algunos sitios las cuevas y otros vestigios de aquella cruzada de exterminio con sus nombres grabados en la roca.

Más tarde llegaron los balleneros que en sus interminables recorridos de meses, a veces años, se lanzaban sobre las tortugas para proveerse de carne fresca y excelente aceite durante el tiempo que perdurase sus

«En Galápagos nos parece estar más cerca,
tanto en el tiempo como en el espacio,
de aquel gran acontecimiento, de aquel misterio de los misterios:
la aparición de nuevos seres sobre la Tierra» (Darwin).

Los primeros colonizadores

El 12 de enero de 1832 el primer presidente del Ecuador, general Juan José Flores, mandó una expedición militar comandada por el coronel Ignacio Hernández a tomar posesión del archipiélago. Poco tiempo más tarde el general José de Villamil fundaba una colonia en la Floreana para explotar la orchilla y otros productos en vista de que la isla disponía de fértiles valles y colinas donde proliferaban los más diversos cultivos aun cuando escaseaba el agua. Villamil arribó a la isla como Noé en su arca llevando ganado, caba-

llos, cerdos, pollinos, perros y otros animales domesticados que se reprodujeron con relativa facilidad, aunque representaban, por otro lado, un verdadero flagelo para las especies autóctonas, muchas de las cuales comenzaron a extinguirse. Su sucesor el coronel J. William procedió a extorsionar a los colonizadores en beneficio propio hasta que éstos se sublevaron, influidos por la injusticia y el aislamiento en que vivían. En 1845 sólo quedaban veinticinco, en 1851 doce y después ninguno.
En San Cristóbal —que ha llegado a ser la capital del archipiélago— emerge una roca de lava llamada

Five fingers porque se asemeja a los dedos de un gigante. Los marineros y tripulantes la buscan a distancia como ruta segura y faro imprescindible para llegar al puerto. Muchas embarcaciones y navíos han quedado destrozados por el rencor del mar y la reciedumbre de los peñascales. En aquella isla fundó Manuel Cobos otra colonia agrícola integrada, una vez más, por convictos, deshechos humanos y mujeres licenciosas, muchos de ellos llevados con engaños o promesas nunca cumplidas. Cobos, un pionero-tirano, estableció un poblado, El Progreso, de su exclusivo dominio hasta llegar a

Los cactos Brachycereus (a la izquierda) *se dan fácilmente en el archipiélago de Galápagos, en medio de la lava.*
Abajo, *promontorio rocoso en la bahía de Sullivan. Frente a la orilla oriental de la bahía se encuentra la isla de Bartolomé, en cuyas aguas circundantes se hallan numerosos lobos marinos.*
El palo santo, Bursera graveolens, *(página siguiente) es el árbol más característico de las zonas secas de Galápagos. En la estación seca no tiene hojas. Sus flores son pequeñas, color crema pálido. Las hojas son gomosas y perfumadas.*

producir veinte mil quintales de azúcar y abundante café.

En su gobierno despótico hacía trabajar a la gente de sol a sol con insignificantes salarios pagados con moneda de su propia factura. Tres días de descanso al año: martes de carnaval, año nuevo y el día de su santo. Riñas y pendencias cundían entre los trabajadores —regadas con sangre—; insubordinaciones parciales, castigadas con centenares de palos; destierro a otras islas o, simplemente, la muerte.

Cobos logró dominar diez años en su feudo excluido de la civilización y donde no se respetaban leyes. En tanto reemplazaba el trapiche por máquinas a vapor y tendía rieles hasta el mar para exportar sus productos. Pero llegó un momento en que los colonos esclavos promovieron una rebelión contra el sistema establecido, atacaron e hirieron a Cobos, quien se refugió en su arsenal de armas en un desesperado intento de defensa, mas los fusiles enmohecidos no funcionaron. Lo arrojaron por la ventana para terminar masacrándole. Victimaron también al jefe territorial, quemaron los cañaverales y huyeron a cabo Manglares o se dispersaron a todo lo largo de la costa.

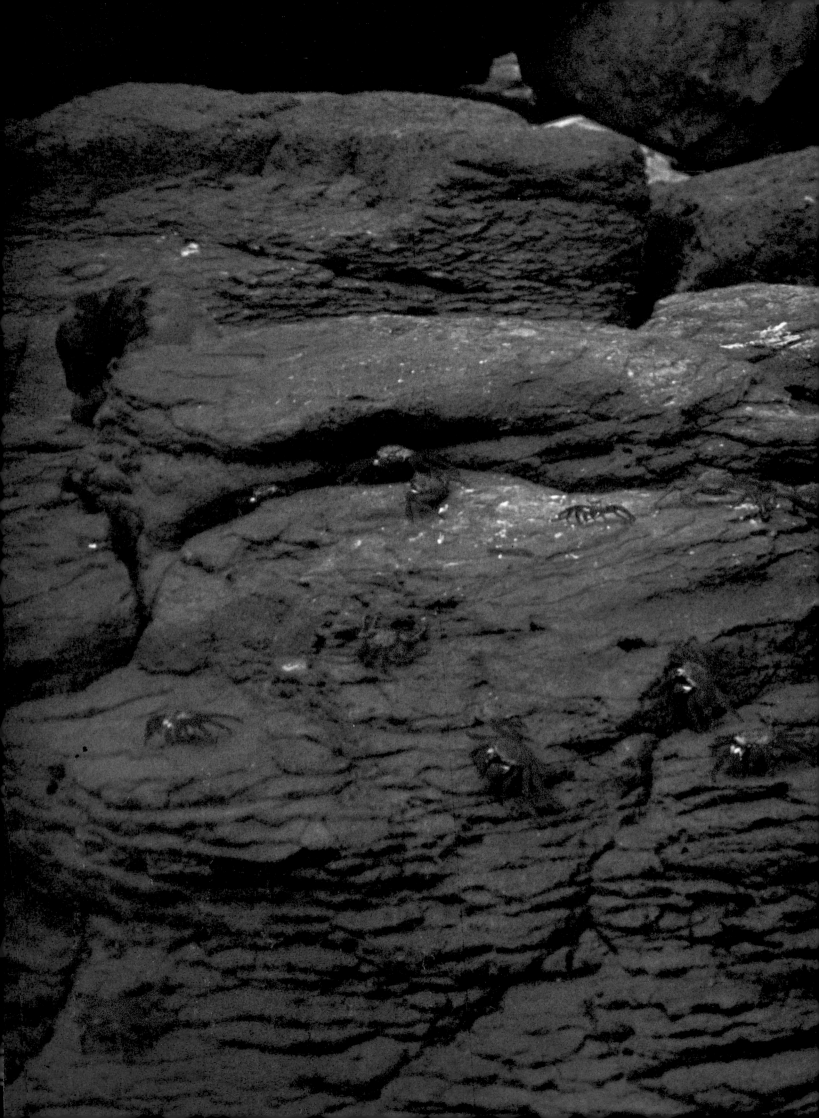

Los habitantes más famosos de las islas son las tortugas de tierra o «galápagos». (A la izquierda y página siguiente). Por razones todavía inexplicables, esta gigantesca especie se ha extinguido en todos los continentes y en las islas del Caribe. Hoy en día sólo existen en las islas Galápagos y en Aldabra, un insignificante atolón en el océano Indico occidental. Por desgracia, desde fines del siglo XVII el hombre se ha encargado de diezmar la especie. Solamente la flota ballenera norteamericana que faenaba en aguas ecuatorianas durante el siglo XIX se llevó, en unos 37 años, más de trece mil tortugas. En la actualidad el servicio del parque nacional Galápagos y la estación Charles Darwin realizan estudios ecológicos y programas de crianza con el fin de conservar la especie. Abajo: Tortugas de mar apareadas.

Página doble anterior: *Focas, iguanas y cangrejos en mansa convivencia.*

En la isla Floreana se verificó tiempo después un nuevo ensayo de colonización emprendida por otro hombre de empresa: José de Valdizán que comenzó a cultivar otra vez esa tierra calcinada por los esqueletos de toros envejecidos, pollinos muertos de sed y verracos despeñados. Igual que en otras oportunidades la mano de obra se colmó con expresidiarios de Guayaquil y hombres del hampa, que trazaron parcelas, cultivaron la orchilla —colorante de paños— y trabajaron con empeño algunos años. El constante confinamiento, el exilio de sus propios lares, hicieron cundir el descontento e incitaron al crimen. Un penitenciario llamado Lucas Alvarado apuñaló a Valdizán por la espalda. Mal herido logró huir para morir a campo raso en esa tierra de nadie mientras los peones se dedicaban al pillaje en una lucha de bandos opuestos. Hasta que el capitán Levick —oficial de una embarcación

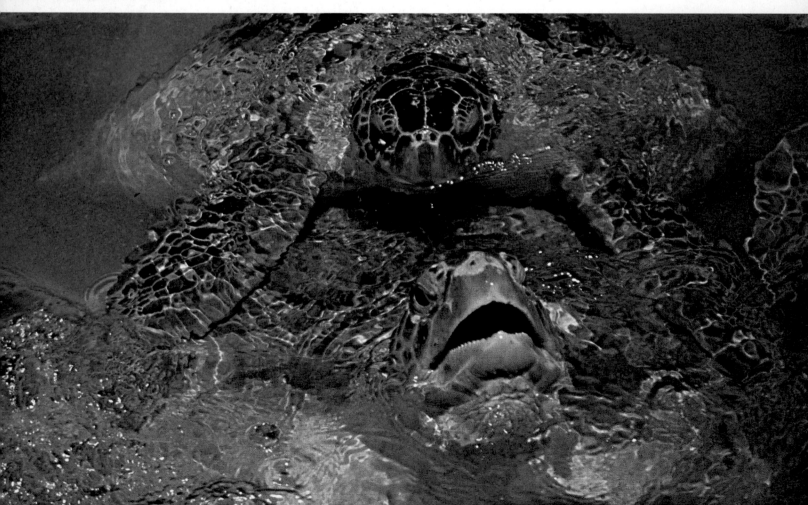

perteneciente a la empresa— consiguió instaurar el orden. Los colonizadores huyeron y la Floreana volvió a quedar abandonada.

¿Un baluarte estratégico?

En la primera guerra mundial las escuadras alemanas entraron clandestinamente en las islas a fin de establecer bases de avituallamiento de carbón y otras operaciones estratégicas. De acuerdo a informes diplomáticos se conoce que salían sorpresivamente para atacar los barcos enemigos. Víctima de esta táctica la marina de Inglaterra quedó parcialmente destruida en el combate de «Coronel».

Antes de la segunda guerra las islas volvieron a convertirse en el escenario de eventos singulares y episodios inexplicables. ¿Intentaron las potencias europeas y el estado mayor japonés hacer uso de las Galápagos en calidad de bases insulares y centro de telecomunicaciones por su proximidad al canal de Panamá de tanta importancia en caso de un conflicto bélico? ¿Ocurrieron, simplemente, insólitos sucesos entre los personajes que fueron a habitarlas con propósitos desconocidos o designios determinados? Nadie lo sabe.

La ronda de la muerte

En 1929 arribó a la Floreana el doctor Federico Ritter, de origen alemán, en compañía de su amante, antes compañera de profesión, *frau* Dora Koerwin, con el aparente propósito de residir en una isla desierta, practicar el nudismo, hacer estudios filosóficos y aplicar nuevos métodos de vida en un mundo ajeno a la civilización. Aportan los implementos necesarios para subsistir por su cuenta y —extraña precaución— se hacen extraer los dientes y usan para comer una dentadura de acero. Levantan una vivienda, con los troncos

El pingüino endémico de Galápagos (a la izquierda) es uno de los más pequeños de sus congéneres y vive en la parte más septentrional del archipiélago. Abajo: Pelícano o alcatraz en vuelo. Para alimentarse, se lanza en picado sobre las olas y cobra peces que engulle enteros.

Página doble anterior: Impresionantes iguanas marinas.

las orillas pedregosas luciendo su pelaje bruñido por el sol, de color oscuro después de zambullirse en las olas. Allí se destaca el macho gruñón, de imponente estatura, que cuida de los lobeznos para que no les atrapen los tiburones e interviene en las disputas de las féminas sin permitir que otros machos quebranten la delimitación pactada de antemano o quieran tomar posesión de las hembras en celo. Son únicos, aunque conservan algún parecido con los leones marinos de California. Dicen que hay un cementerio de focas en la isla Plaza a la cual acuden a rumiar sus achaques los impotentes y envejecidos que se arrastran lastimosamente, mordiéndose las entrañas y combatiendo entre ellos hasta que la edad los sepulta en el roquero.

En la Española o Hood predominan los albatros domines, aves errantes que sobrepasan los millares y permanecen ocho meses en la isla para luego volar al sureste y regresar a poner sus huevos. Sus alas tienen más de dos metros de envergadura. Es un espectáculo asistir a sus majestuosos vuelos en el espacio, consonantes al ritmo de los vientos. Son pájaros planeadores que requieren una extensa pista de aterrizaje e igual que los aviones —cuando fa-

llan los cálculos previstos— se estrellan contra los matorrales. Ceremoniosos en tierra, practican bailes, contoneándose y tocándose los picos. Son exclusivos del archipiélago y de las trece especies conocidas, la única que habita en el trópico.

En la isla Tower sobresalen los piqueros de patas azules, de patas rojas y los que llevan máscaras; las

fragatas, cuyos machos ostentan un buche dilatado color encarnado para atraer a la hembra en celo, promueven verdaderos diálogos con graznidos estridentes y alzamiento de alas; y cuando su compañera se rinde con un gesto de la cola, termina el idilio en la roca o en la arena. Entre piqueros y fragatas estalla constantemente un conflicto belicoso en vista

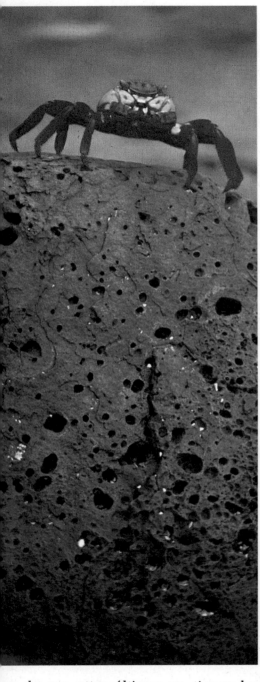

A la izquierda, *cangrejo de mar «zayapa»*. A la derecha y abajo: *Langostas y garza morena*.

de que estas últimas no tienen las mismas facultades para pescar y atacan a los piqueros en el aire arrancándoles las presas.

En las islas Fernandina y *Abermale* prevalecen los cormoranes o cuervos marinos —una de las selecciones más raras y cotizadas en el campo de la ciencia— creados para volar, menos en las Galápagos puesto que

A la derecha: *Un ave majestuosa recortando su silueta contra el azul del cielo tropical.*

Abajo: *Piqueros de patas azules. Es notable en ellos la búsqueda comunitaria de alimento.*

sus alas se han atrofiado, transformándose en buscadores que obtienen pródigamente su sustento. Los pájaros pinzones que se diferencian por la estructura del pico son una prueba más de la evolución de las especies insulares y de la alimentación a la cual fueron adaptándose. Emplean métodos desconocidos en otras latitudes, tal es el caso del «pinzón picatudes.

maderos», que no dispone de larga lengua como los carpinteros, y que con el fin de alcanzar los insectos de las hendiduras de los troncos utiliza una espina de cacto.

Los pingüinos —únicos en su clase— llegaron de la Antártida por las corrientes frías y se han adaptado en esa región tropical de tan variadas desemejanzas. En las lagunas moran

los flamencos de largas patas provistas de membranas rugosas que les impiden sumergirse en el lodo, y de buches laminados para no engullir el fango. Construyen un solo nido y empollan un huevo, remontándose al menor ruido con un impulso poderoso que traza ángulos en las alturas.

En la tierra y en el mar abundan

Abajo: *Un piloto, pájaro tropical característico de los mares cálidos.* A la derecha: *Una pareja de huaques, hábiles pescadores.*

las iguanas —también de selección galapaguense— que llegaron de color amarillo y verde para tornarse negras en ciertas ínsulas cuando la ley de la supervivencia las obligó alimentarse de algas y como propia defensa para camuflarse en las grietas de lava.

Los grandes galápagos que dieron el nombre al archipiélago integra-ron una colonia de centenares de miles hasta que los corsarios, balleneros, soldados, perros hirsutos, ratas y cerdos cimarrones los hicieron desaparecer paulatinamente en tanto que los huevos se destruían en las fauces de otros enemigos que impedían la reproducción. El galápago representa una variedad de tortuga con una longevidad que promedia los doscientos cincuenta años, encerrado en dos capas córneas de recia contextura de donde se desprende una cabeza arrugada, de rasgos envejecidos. Unos tienen el cuello corto, otros más largo de acuerdo con la topografía y la vegetación de las islas y sus necesidades de comer hierba a ras del suelo o extenderse para alcanzar los cactos —que con-

211

En medio del Pacífico un hogar para aves raras

La flora de Galápagos se caracteriza por su falta de armonía, lo que apoya la idea de que el archipiélago nunca estuvo unido al continente. En la ilustración central, líquenes Sesurium *y cactos* Opuntia.
A la derecha: Fragata macho en celo.

Página doble anterior: Fragata real dando de comer a su cría.

tienen ochenta y seis por ciento de agua— y los líquenes que cuelgan de los arbustos. Son quelonios pacientes e inofensivos que a paso lento y cansino recorren grandes distancias para completar su ración de agua. Las hembras descienden a las playas a depositar sus huevos. No tienen otro amparo que su enorme coraza que les permite ocultarse

Página anterior, a la izquierda y de abajo para arriba: *Piqueros en celo y gaviotas de cola bifurcada.*

A la derecha: *Piquero de patas rojas.* Abajo: *Piqueros enmascarados.*

en la verdura o caer de golpe sobre enemigos menores. Varía su tamaño y características de acuerdo con las islas. Darwin halló quince diferentes clases de las que hoy quedan pocas, a pesar de que pueden soportar largos períodos de sequía gracias a su capacidad de almacenar grandes cantidades de agua y grasa en las cavidades interiores de su cuerpo.

Darwin en Galápagos

Charles Darwin (el famoso naturalista británico —1809-1882—), fue el genuino descubridor de las Galápagos en el terreno científico. Arribó al archipiélago después de un prolongado viaje por América del Sur, a bordo del bergantín *«Beagle»*. Allí confirmó su teoría sobre las mutaciones y más tarde publicó un libro titulado: «La evolución de las especies por medio de la selección natural» que causó un gran revuelo en aquella época y suscitó singulares controversias. Fundamentaba su teoría en los cambios experimentados por animales y plantas al adaptarse al ambiente en el cual fueron desarrollándose. Cien años después, en

A este paraíso volcánico llegó Darwin en 1835

su homenaje, un grupo de naturalistas procedente de los Estados Unidos, emprendió una romería para levantarle un busto que lleva la siguiente inscripción: «Charles Darwin arribó a las islas de Galápagos en 1835 y sus estudios sobre la distribución de los animales y plantas que aquí encontró le condujeron por primera vez a considerar la evolución orgánica. Así comenzó la revolución del pensamiento que desde entonces ha tenido lugar sobre esta materia. Erigido el 17 de Septiembre de 1939 por los miembros de la expedición para el monumento a Darwin.»

El gobierno del Ecuador ha declarado a las islas parque nacional y la Unión Internacional para la Conservación de la Naturaleza, con la ayuda de otros organismos, ha instalado una estación biológica con el objetivo de preservar la belleza exótica de estas ínsulas privilegiadas que son un testimonio vivo de tiempos prehistóricos, propicias para el estudio y la meditación de los insondables enigmas de la naturaleza. En esta estación se intenta renovar las especies casi extinguidas —especialmente los galápagos— para devolverlas a los lugares de su primitivo origen. Se ha escrito más de setecientos libros científicos y de otro género sobre las islas Galápagos y hoy navegan por su mar, circundado de peñasquerías, yates privados y de turismo que transportan a múltiples viajeros afanosos de admirar las islas encantadas, «el fin del mundo», como las denominó William Beebe.

LOS AUTORES

ARCINIEGAS, GERMÁN

Germán Arciniegas nació en Bogotá en 1900. Durante su vida universitaria fue líder estudiantil, fundó la Federación de Estudiantes de Colombia y de esas experiencias nació su primer libro, *El Estudiante de la Mesa Redonda* (1932), y un ambicioso proyecto de reforma universitaria presentado al congreso colombiano cuando se le eligió diputado como candidato de los universitarios. Profesor de sociología, historia y literatura, lo fue primero en Colombia y luego en Nueva York, en la Universidad de Columbia. Dos veces ministro de educación. Embajador de Colombia ante los gobiernos de Italia, Israel y Venezuela. Entre sus libros figuran *Los Comuneros* (1938), *Biografía del Caribe* (1945), *Entre la Libertad y el Miedo* (1952), *América Mágica* (1959), *El Continente de los Siete Colores* (1965), *Nueva Imagen del Caribe* (1970), *Roma Secretísima* (1972). Ha mantenido también una gran actividad como conferenciante en muchos países.

BARRERA, ALFONSO

Alfonso Barrera Valverde nació en Ambato en 1929. Estudió derecho en la Universidad Central, en Quito. Desde muy joven se interesa por la literatura y ya en la década de los 50 comienza a publicar poesía. A esa época pertenecen sus libros *Latitud unánime, Testimonio y Del solar y del tránsito,* que aparecieron cuando aún era estudiante. Ejerció cátedras de derecho y literatura en varias universidades sudamericanas. Realiza estudios especializados en Harvard y viaja a Japón dentro de un programa de U.N.E.S.C.O. En 1971, en Buenos Aires, publica su primera novela, *Dos muertes en una vida.* Una colección de relatos, *Heredarás un mar que no conoces y lenguas que no sabes,* aparece en Madrid, en 1978. Por su obra literaria ha recibido varios premios nacionales entre 1954 y 1958, y en 1966 se hizo acreedor al Premio Universidad Central del Ecuador. En la vida pública de su país ha ocupado, entre otros cargos, el de embajador en España.

CARRIÓN, ALEJANDRO

Alejandro Carrión nació en Loja en 1915. Estudió ciencias políticas y sociales en las universidades de Quito y Loja. Como escritor ha tocado temas tan diversos como la poesía, la narrativa, la historia y la crítica. Entre sus obras publicadas podemos señalar las siguientes. En poesía: *El tiempo que pasa,* Montevideo, 1964; *Poeta y peregrino,* Caracas, 1966. En historia, se destaca por su originalidad su libro *La otra historia,* publicado en Quito, en 1976. En narrativa: *La espina,* Buenos Aires, 1958; la colección de cuentos *Muerte en su isla* que alcanzó el premio Leopoldo Alas, «Clarín», en Barcelona, en 1970; *Mala procesión de hormigas,* Quito, 1978. En crítica literaria citamos su ensayo *Primicias de la poesía quiteña,* publicado en 1954. Alejandro Carrión ha dedicado también largos años al periodismo, especialmente en el diario *El Universo,* de Guayaquil, donde fue columnista tras el seudónimo de «Juan sin cielo». En la actualidad trabaja en la O.E.A., en Washington.

ICAZA, JORGE

Jorge Icaza nació en Quito, en 1906. Inicia estudios de medicina en la Universidad Central, pero los abandona para dedicarse al teatro como autor, director y actor. Por esta época escribe y pone en escenario piezas como *El intruso,* 1928, *La comedia sin nombre,* 1923, y *Como ellos quieren,* 1931. Sufre entonces persecución política y debe abandonar el teatro. Mas lo que no consiguió decir en la escena lo denuncia en su libro de cuentos *Barro de la sierra,* 1933, y sobre todo en su más renombrada novela, *Huasipungo,* publicada en 1934 en medio de acusaciones y críticas turbulentas. A esta novela siguieron otras tales como *En las calles,* 1935; *Cholos,* 1937; *El chulla Romero y Flores,* 1958. Fundó en 1937 el Sindicato de escritores y artistas del Ecuador y la revista SEA. Miembro fundador de la Casa de la Cultura Ecuatoriana. Embajador de su país ante los gobiernos de Unión Soviética, Polonia y Alemania Oriental. Sus obras han sido traducidas a 16 idiomas. Murió en Quito en 1978.

PAREJA, ALFREDO

Alfredo Pareja Diezcanseco nació en Guayaquil en 1908. Realizó estudios de derecho y ciencias sociales. Hombre profundamente preocupado por la suerte de su país, trabajó en la acción política y llegó a ser parlamentario. En la diplomacia ha sido representante de su país ante el gobierno de México, y como fucionario internacional ha sido jefe de misión de las Naciones Unidas en Argentina, Centro América, México, Paraguay y Uruguay. Como escritor ha cultivado la novela, la historia y el ensayo. Entre más de veinte obras publicadas, podemos señalar las siguientes: *Las pequeñas estatuas*, Madrid; y la *Manticora*, Buenos Aires; novelas. *Historia general del Ecuador* e *Historia de la república*, ambas publicadas en Ecuador. *La hoguera bárbara* (biografía del general Eloy Alfaro) y *Vida y leyenda de Miguel de Santiago*, aparecidas en México. En la actualidad es profesor de investigación en historia en la Escuela de Ciencias Internacionales de la Universidad Central del Ecuador, en Quito.

PÉREZ, GALO RENÉ

Galo René Pérez nació en Quito en 1923. Ha repartido su tiempo entre la función pública, como subsecretario de educación, primero, y luego como presidente de la Casa de la Cultura Ecuatoriana, y entre la cátedra universitaria, que ha ejercido sobre todo en Estados Unidos como profesor de literatura en las universidades de Pittsburgh, de 1962 a 1965, y de Virginia, de 1965 a 1967. También ha sido profesor en el Instituto de Estudios Superiores de Montevideo. Ha representado a Ecuador en varios congresos internacionales y en 1965 obtuvo el Premio «Medalla de oro de América Latina», convocado con el tema de la unidad cultural de Hispanoamérica. Entre sus obras publicadas, podemos citar *Cinco rostros de la poesía*, ensayos de crítica literaria; *Rumbo a la Argentina*, crónicas sobre viajes por el sur de América; *Historia y crítica de la novela hispanoamericana*, estudio crítico sobre los principales novelistas de los siglos XIX y XX; y *La viviente poesía de Whitman*.

ROJAS, ÁNGEL F.

Angel Felicísimo Rojas nació en El Plateado, recinto rural de Loja, en el año de 1910. Hizo las primeras letras en la escuela municipal de su pueblo natal, donde su madre era maestra. Estudió después el bachillerato en la ciudad de Loja. En 1931 publica su primer cuento, *Un idilio bobo o historia de un perro que se enamoró de la luna*. Y en 1940 aparece su primera novela, de tema escolar, *Banca*. En 1948 se edita en México su obra de crítica literaria, *La novela ecuatoriana*. Pero es en 1950, y en Buenos Aires, donde sale a la luz la que sería su obra más difundida, *El éxodo de Yangana*, hoy en día traducida a varios idiomas. Graduado en derecho en la universidad de Loja, ha ejercido su profesión, especialmente en Guayaquil, su lugar de residencia. Ha ocupado altos cargos en la administración pública, entre ellos el de contralor general de la nación. Ha ejercido también el periodismo y la cátedra universitaria en Guayaquil, y continúa su labor de escritor.

TERÁN, FRANCISCO

Francisco Terán nació en Tabacundo, provincia de Pichincha, en 1904. Obtuvo el título de profesor de enseñanza secundaria en geografía e historia en la Universidad Central de Quito, y ha dedicado buena parte de su vida a la docencia en los principales colegios de la capital y en la misma universidad que le licenció. Hizo estudios de postgraduado en la universidad de Maryland, en Estados Unidos. Luego fue reclutado por U.N.E.S.C.O. para formar parte de la misión de asistencia técnica de este organismo internacional ante el gobierno de Nicaragua. También allí ejerció la docencia en la Universidad Nacional, en Managua. Entre sus obras publicadas se destacan: *La realidad histórico-geográfica de Túmbez, Jaén y Mainas; Orografía e hidrografía de la hoya del Guayllabamba* y *Geografía de los países del Pacto Andino*. Por su libro *Páginas de historia y geografía* recibió el importante Premio Tobar, en Quito. Se le considera un gran especialista en temas del oriente ecuatoriano.

VACAS GÓMEZ, HUMBERTO

Humberto Vacas Gómez nació en la provincia de Imbabura. Se licenció en jurisprudencia y ciencias sociales en la universidad de Quito y llegó a ser director de la escuela de periodismo del mismo claustro. Fue editor en español de la revista *Américas,* órgano oficial de la Organización de los Estados Americanos (O.E.A.), en Washington. Ha sido en dos ocasiones presidente de la Unión Nacional de Periodistas del Ecuador y, entre 1963 y 1965, ministro de educación. Es autor de varias obras y durante treinta años ha escrito en el diario *El Comercio,* de Quito, sobre temas de educación, literatura y política. Hoy día es subdirector de dicho periódico. Se le han impuesto las condecoraciones «la Orden de Caballero», por el gobierno de Ecuador y «la Orden del Libertador San Martín», por el gobierno de Argentina. Como periodista invitado ha visitado diversos países, Alemania y Japón entre ellos. Se le conoce también como experimentado conferenciante en temas ecuatorianos.

VÁSCONEZ, GUSTAVO

Gustavo Vásconez nació en Quito en 1911. Su educación le llevó a Inglaterra, Francia y Suiza. Ha mantenido una destacada actividad en la vida pública ecuatoriana. Fue subsecretario de gobierno y consejero provincial de Pichincha. Embajador ante la Santa Sede y ante el gobierno de Colombia. En el campo de la cultura, ha sido presidente del Ateneo ecuatoriano y del Grupo América. Ha publicado las siguientes novelas: *Vivian Christie* y *Camino de las Lanchas,* en Quito; *Reloj de agua* y *La isla de los gatos negros,* en Madrid. También se debe a su pluma una biografía novelada de Juan Montalvo, *Pluma de acero,* editada en México. Entre las numerosas distinciones que ha recibido durante su vida, cabe mencionar: La Magna Cruz de la Orden Piana, otorgada por el Vaticano; la condecoración de Alfonso X, el sabio, impuesta por España; la admisión como socio honorario de la Sociedad Bolivariana de Colombia; la asistencia al VII centenario de la Universidad de Salamanca.

INDICE

LIGHT ON THE PATH

THROUGH THE GATES OF GOLD

THE present edition of LIGHT ON THE PATH is a verbatim reprint of the 1888 edition (George Redway, London) in which later edition the NOTES by the Author first appear. The COMMENTS, which are not in the 1888 edition, are here taken directly from *Lucifer,* Volume I, 1887-8, where they were first published.

Also in this volume we reprint verbatim the original edition (1887) of THROUGH THE GATES OF GOLD by the same Author, together with a commentary by William Q. Judge taken from his magazine, *The Path,* March, 1887.

Light on the Path

A Treatise
WRITTEN FOR THE PERSONAL USE OF THOSE WHO
ARE IGNORANT OF THE EASTERN WISDOM, AND
WHO DESIRE TO ENTER WITHIN ITS INFLUENCE

Written down by M. C.
with Notes by the Author

THEOSOPHICAL UNIVERSITY PRESS
PASADENA, CALIFORNIA

THEOSOPHICAL UNIVERSITY PRESS
POST OFFICE BOX C
PASADENA, CALIFORNIA 91109-7107
1997

The paper in this book is acid-free and meets the standards for
permanence of the Council on Library Resources.

Library of Congress Catalog Card Number 68-21157

ISBN 0-911500-37-5   cloth
ISBN 0-911500-38-3 softcover

Printed at Theosophical University Press
Pasadena, California

LIGHT ON THE PATH

LIGHT ON THE PATH

I

THESE rules are written for all disciples: Attend you to them.

Before the eyes can see, they must be incapable of tears. Before the ear can hear, it must have lost its sensitiveness. Before the voice can speak in the presence of the Masters it must have lost the power to wound. Before the soul can stand in the presence of the Masters its feet must be washed in the blood of the heart.

1. Kill out ambition.

2. Kill out desire of life.

3. Kill out desire of comfort.

4. Work as those work who are ambitious.

Respect life as those do who desire it. Be happy as those are who live for happiness.

Seek in the heart the source of evil and expunge it. It lives fruitfully in the heart of the devoted disciple as well as in the heart of the man of desire. Only the strong can kill it out. The weak must wait for its growth, its fruition, its death. And it is a plant that lives and increases throughout the ages. It flowers when the man has accumulated unto himself innumerable existences. He who will enter upon the path of power must tear this thing out of his heart. And then the heart will bleed, and the whole life of the man seem to be utterly dissolved. This ordeal must be endured: it may come at the first step of the perilous ladder which leads to the path of life: it may not come until the last. But, O disciple, remember that it has to be endured, and fasten the energies of your soul upon the task. Live neither in the present nor the future, but in the eternal. This giant weed cannot flower there: this blot upon existence is wiped out by the very atmosphere of eternal thought.

[2]

5. Kill out all sense of separateness.

6. Kill out desire for sensation.

7. Kill out the hunger for growth.

8. Yet stand alone and isolated, because nothing that is imbodied, nothing that is conscious of separation, nothing that is out of the eternal, can aid you. Learn from sensation and observe it, because only so can you commence the science of self-knowledge, and plant your foot on the first step of the ladder. Grow as the flower grows, unconsciously, but eagerly anxious to open its soul to the air. So must you press forward to open your soul to the eternal. But it must be the eternal that draws forth your strength and beauty, not desire of growth. For in the one case you develop in the luxuriance of purity, in the other you harden by the forcible passion for personal stature.

9. Desire only that which is within you.

10. Desire only that which is beyond you.

11. Desire only that which is unattainable.

[3]

12. For within you is the light of the world —the only light that can be shed upon the Path. If you are unable to perceive it within you, it is useless to look for it elsewhere. It is beyond you; because when you reach it you have lost yourself. It is unattainable, because it for ever recedes. You will enter the light, but you will never touch the flame.

13. Desire power ardently.

14. Desire peace fervently.

15. Desire possessions above all.

16. But those possessions must belong to the pure soul only, and be possessed therefore by all pure souls equally, and thus be the especial property of the whole only when united. Hunger for such possessions as can be held by the pure soul, that you may accumulate wealth for that united spirit of life which is your only true self. The peace you shall desire is that sacred peace which nothing can disturb, and in which the soul grows as does the holy flower upon the still lagoons. And that power

which the disciple shall covet is that which shall make him appear as nothing in the eyes of men.

17. Seek out the way.

18. Seek the way by retreating within.

19. Seek the way by advancing boldly without.

20. Seek it not by any one road. To each temperament there is one road which seems the most desirable. But the way is not found by devotion alone, by religious contemplation alone, by ardent progress, by self-sacrificing labor, by studious observation of life. None alone can take the disciple more than one step onward. All steps are necessary to make up the ladder. The vices of men become steps in the ladder, one by one, as they are surmounted. The virtues of man are steps indeed, necessary — not by any means to be dispensed with. Yet, though they create a fair atmosphere and a happy future, they are useless if they stand alone. The whole nature of man must be used

[5]

wisely by the one who desires to enter the way. Each man is to himself absolutely the way, the truth, and the life. But he is only so when he grasps his whole individuality firmly, and, by the force of his awakened spiritual will, recognizes this individuality as not himself, but that thing which he has with pain created for his own use, and by means of which he purposes, as his growth slowly develops his intelligence, to reach to the life beyond individuality. When he knows that for this his wonderful complex separated life exists, then, indeed, and then only, he is upon the way. Seek it by plunging into the mysterious and glorious depths of your own inmost being. Seek it by testing all experience, by utilizing the senses in order to understand the growth and meaning of individuality, and the beauty and obscurity of those other divine fragments which are struggling side by side with you, and form the race to which you belong. Seek it by study of the laws of being, the laws of nature, the laws of the supernatural: and seek it by making the profound obeisance of the soul to the dim star that burns within. Steadily, as you watch and worship, its light will grow stronger. Then you may know you have found the beginning of the way. And when you have found the end its light will suddenly become the infinite light.

21. Look for the flower to bloom in the silence that follows the storm: not till then.

It shall grow, it will shoot up, it will make branches and leaves and form buds, while the storm continues, while the battle lasts. But not till the whole personality of the man is dissolved and melted — not until it is held by the divine fragment which has created it, as a mere subject for grave experiment and experience — not until the whole nature has yielded and become subject unto its higher self, can the bloom open. Then will come a calm such as comes in a tropical country after the heavy rain, when Nature works so swiftly that one may see her action. Such a calm will come to the harassed spirit. And in the deep silence the mysterious event will occur which will prove that the way has been found. Call it by what name you will, it is a voice that speaks where there is none to speak — it is a messenger that comes, a messenger without form or substance; or it is the flower of the soul that has opened. It cannot be described by any metaphor. But it can be felt after, looked for, and desired, even amid the raging of the storm. The silence may last a moment of time or it may last a thousand years. But it will end. Yet you will carry its strength with you. Again and again the battle must be fought and won. It is only for an interval that Nature can be still.

These written above are the first of the rules which are written on the walls of the Hall of Learning. Those that ask shall have. Those that desire to read shall read. Those who desire to learn shall learn.

PEACE BE WITH YOU.

△

II

OUT of the silence that is peace a resonant voice shall arise. And this voice will say, It is not well; thou hast reaped, now thou must sow. And knowing this voice to be the silence itself thou wilt obey.

Thou who art now a disciple, able to stand, able to hear, able to see, able to speak, who hast conquered desire and attained to self-knowledge, who hast seen thy soul in its bloom and recognized it, and heard the voice of the silence, go thou to the Hall of Learning and read what is written there for thee.

1. Stand aside in the coming battle, and though thou fightest be not thou the warrior.

2. Look for the warrior and let him fight in thee.

3. Take his orders for battle and obey them.

4. Obey him not as though he were a gen-

eral, but as though he were thyself, and his spoken words were the utterance of thy secret desires; for he is thyself, yet infinitely wiser and stronger than thyself. Look for him, else in the fever and hurry of the fight thou mayest pass him; and he will not know thee unless thou knowest him. If thy cry meet his listening ear, then will he fight in thee and fill the dull void within. And if this is so, then canst thou go through the fight cool and unwearied, standing aside and letting him battle for thee. Then it will be impossible for thee to strike one blow amiss. But if thou look not for him, if thou pass him by, then there is no safeguard for thee. Thy brain will reel, thy heart grow uncertain, and in the dust of the battlefield thy sight and senses will fail, and thou wilt not know thy friends from thy enemies.

He is thyself, yet thou art but finite and liable to error. He is eternal and is sure. He is eternal truth. When once he has entered thee and become thy warrior, he will never utterly desert thee, and at the day of the great peace he will become one with thee.

[10]

5. Listen to the song of life.

6. Store in your memory the melody you hear.

7. Learn from it the lesson of harmony.

8. You can stand upright now, firm as a rock amid the turmoil, obeying the warrior who is thyself and thy king. Unconcerned in the battle save to do his bidding, having no longer any care as to the result of the battle, for one thing only is important, that the warrior shall win, and you know he is incapable of defeat — standing thus, cool and awakened, use the hearing you have acquired by pain and by the destruction of pain. Only fragments of the great song come to your ears while yet you are but man. But if you listen to it, remember it faithfully, so that none which has reached you is lost, and endeavor to learn from it the meaning of the mystery which surrounds you. In time you will need no teacher. For as the individual has voice, so has that in which the individual exists. Life itself has speech and is

never silent. And its utterance is not, as you that are deaf may suppose, a cry: it is a song. Learn from it that you are part of the harmony; learn from it to obey the laws of the harmony.

9. Regard earnestly all the life that surrounds you.

10. Learn to look intelligently into the hearts of men.

11. Regard most earnestly your own heart.

12. For through your own heart comes the one light which can illuminate life and make it clear to your eyes.

Study the hearts of men, that you may know what is that world in which you live and of which you will to be a part. Regard the constantly changing and moving life which surrounds you, for it is formed by the hearts of men; and as you learn to understand their constitution and meaning, you will by degrees be able to read the larger word of life.

13. Speech comes only with knowledge. Attain to knowledge and you will attain to speech.

14. Having obtained the use of the inner senses, having conquered the desires of the outer senses, having conquered the desires of the individual soul, and having obtained knowledge, prepare now, O disciple, to enter upon the way in reality. The path is found: make yourself ready to tread it.

15. Inquire of the earth, the air, and the water, of the secrets they hold for you. The development of your inner senses will enable you to do this.

16. Inquire of the holy ones of the earth of the secrets they hold for you. The conquering of the desires of the outer senses will give you the right to do this.

17. Inquire of the inmost, the one, of its final secret which it holds for you through the ages.

The great and difficult victory, the conquering of the desires of the individual soul, is a work of ages; therefore expect not to obtain its reward until ages of experience have been accumulated. When the time of learning this seventeenth rule is reached, man is on the threshold of becoming more than man.

18. The knowledge which is now yours is only yours because your soul has become one with all pure souls and with the inmost. It is a trust vested in you by the Most High. Betray it, misuse your knowledge, or neglect it, and it is possible even now for you to fall from the high estate you have attained. Great ones fall back, even from the threshold, unable to sustain the weight of their responsibility, unable to pass on. Therefore look forward always with awe and trembling to this moment, and be prepared for the battle.

19. It is written that for him who is on the threshold of divinity no law can be framed, no guide can exist. Yet to enlighten the disciple, the final struggle may be thus expressed:

Hold fast to that which has neither sub-stance nor existence.

20. Listen only to the voice which is sound-less.

21. Look only on that which is invisible alike to the inner and the outer sense.

PEACE BE WITH YOU.

△

NOTES

Note on Rule 1. — Ambition is the first curse: the great tempter of the man who is rising above his fellows. It is the simplest form of looking for reward. Men of intelligence and power are led away from their higher possibilities by it continually. Yet it is a necessary teacher. Its results turn to dust and ashes in the mouth; like death and estrangement it shows the man at last that to work for self is to work for disappointment. But though this first rule seems so simple and easy, do not quickly pass it by. For these vices of the ordinary man pass through a subtle transformation and reappear with changed aspect in the heart of the disciple. It is easy to say, I will not be ambitious: it is not so easy to say, when the Master reads my heart he will find it clean utterly. The pure artist who works for the love of his work is sometimes more firmly planted on the right road

[17]

than the occultist, who fancies he has removed
his interest from self, but who has in reality
only enlarged the limits of experience and
desire, and transferred his interest to the things
which concern his larger span of life. The
same principle applies to the other two seemingly simple rules. Linger over them and do
not let yourself be easily deceived by your own
heart. For now, at the threshold, a mistake
can be corrected. But carry it on with you
and it will grow and come to fruition, or else
you must suffer bitterly in its destruction.

Note on Rule 5. — Do not fancy you can
stand aside from the bad man or the foolish
man. They are yourself, though in a less
degree than your friend or your master. But
if you allow the idea of separateness from any
evil thing or person to grow up within you,
by so doing you create Karma, which will
bind you to that thing or person till your soul
recognizes that it cannot be isolated. Remember that the sin and shame of the world are
your sin and shame; for you are a part of it;

your Karma is inextricably interwoven with the great Karma. And before you can attain knowledge you must have passed through all places, foul and clean alike. Therefore, remember that the soiled garment you shrink from touching may have been yours yesterday, may be yours tomorrow. And if you turn with horror from it, when it is flung upon your shoulders, it will cling the more closely to you. The self-righteous man makes for himself a bed of mire. Abstain because it is right to abstain — not that yourself shall be kept clean.

Note on Rule 17. — These four words seem, perhaps, too slight to stand alone. The disciple may say, Should I study these thoughts at all did I not seek out the way? Yet do not pass on hastily. Pause and consider awhile. Is it the way you desire, or is it that there is a dim perspective in your visions of great heights to be scaled by yourself, of a great future for you to compass? Be warned. The way is to be sought for its own sake, not with regard to your feet that shall tread it.

There is a correspondence between this rule and the 17th of the 2nd series. When after ages of struggle and many victories the final battle is won, the final secret demanded, then you are prepared for a further path. When the final secret of this great lesson is told, in it is opened the mystery of the new way — a path which leads out of all human experience, and which is utterly beyond human perception or imagination. At each of these points it is needful to pause long and consider well. At each of these points it is necessary to be sure that the way is chosen for its own sake. The way and the truth come first, then follows the life.

Note on Rule 20. — Seek it by testing all experience, and remember that when I say this I do not say, Yield to the seductions of sense in order to know it. Before you have become an occultist you may do this; but not afterwards. When you have chosen and entered the path you cannot yield to these seductions without shame. Yet you can experience them without horror: can weigh, observe and test them, and wait with the patience of confidence for the hour when they shall affect you no longer. But do not condemn the man that yields; stretch out your hand to him as a brother pilgrim whose feet have become heavy with mire. Remember, O disciple, that great though the gulf may be between the good man and the sinner, it is greater between the good man and the man who has attained knowledge; it is immeasurable between the good man and the one on the threshold of divinity. Therefore be wary lest too soon you fancy yourself a thing apart from the mass. When you have found the beginning of the way the star of your soul will show its light; and by that light you will perceive how great is the darkness in which it burns. Mind, heart, brain, all are obscure and dark until the first great battle has been won. Be not appalled and terrified by this sight; keep your eyes fixed on the small light and it will grow. But let the darkness within help you to understand the helplessness of those who have seen no light, whose souls are in profound gloom. Blame them not, shrink not from them, but try to lift a little of the heavy Karma of the world; give your aid to the few strong hands that hold back the powers of darkness from obtaining complete victory. Then do you enter into a partnership of joy, which brings indeed terrible toil and profound sadness, but also a great and ever-increasing delight.

Note on Rule 21. — The opening of the bloom is the glorious moment when perception awakes: with it comes confidence, knowledge, certainty. The pause of the soul is the moment of wonder, and the next moment of satisfaction, that is the silence.

Know, O disciple, that those who have passed through the silence, and felt its peace and retained its strength, they long that you shall pass through it also. Therefore, in the Hall of Learning, when he is capable of entering there, the disciple will always find his master.

Those that ask shall have. But though the ordinary man asks perpetually, his voice is not heard. For he asks with his mind only; and the voice of the mind is only heard on that plane on which the mind acts. Therefore, not until the first twenty-one rules are past do I say those that ask shall have.

To read, in the occult sense, is to read with the eyes of the spirit. To ask is to feel the hunger within — the yearning of spiritual aspiration. To be able to read means having obtained the power in a small degree of gratifying that hunger. When the disciple is ready to learn, then he is accepted, acknowledged, recognized. It must be so, for he has lit his lamp, and it cannot be hidden. But to learn is impossible until the first great battle has been won. The mind may recognize truth, but the spirit cannot receive it. Once having passed through the storm and attained the peace, it is then always possible to learn, even though the disciple waver, hesitate, and turn aside. The voice of the silence remains within him, and though he leave the path utterly, yet one day it will resound and rend him asunder and separate his passions from his divine possibilities. Then with pain and desperate cries from the deserted lower self he will return.

Therefore I say, Peace be with you. My peace I give unto you can only be said by the Master to the beloved disciples who are as himself. There are some even among those who are ignorant of the Eastern wisdom to whom this can be said, and to whom it can daily be said with more completeness.

△ Regard the three truths. They are equal.

Part II

Note on Sect. II — To be able to stand is to have confidence; to be able to hear is to have opened the doors of the soul; to be able to see is to have attained perception; to be able to speak is to have attained the power of helping others; to have conquered desire

is to have learned how to use and control the
self; to have attained to self-knowledge is to
have retreated to the inner fortress from
whence the personal man can be viewed with
impartiality; to have seen thy soul in its bloom
is to have obtained a momentary glimpse in
thyself of the transfiguration which shall eventually make thee more than man; to recognize
is to achieve the great task of gazing upon the
blazing light without dropping the eyes and
not falling back in terror, as though before
some ghastly phantom. This happens to some,
and so when the victory is all but won it is lost;
to hear the voice of the silence is to understand that from within comes the only true
guidance; to go to the Hall of Learning is to
enter the state in which learning becomes possible. Then will many words be written there
for thee, and written in fiery letters for thee
easily to read. For when the disciple is ready
the Master is ready also.

Note on Rule 5. — Look for it and listen to
it first in your own heart. At first you may

say it is not there; when I search I find only
discord. Look deeper. If again you are dis-
appointed, pause and look deeper again. There
is a natural melody, an obscure fount in every
human heart. It may be hidden over and utterly concealed and silenced — but it is there.
At the very base of your nature you will find
faith, hope, and love. He that chooses evil
refuses to look within himself, shuts his ears to
the melody of his heart, as he blinds his eyes
to the light of his soul. He does this because
he finds it easier to live in desires. But under-
neath all life is the strong current that cannot
be checked; the great waters are there in reality. Find them, and you will perceive that none,
not the most wretched of creatures, but is a
part of it, however he blind himself to the
fact and build up for himself a phantasmal
outer form of horror. In that sense it is that I
say to you — All those beings among whom
you struggle on are fragments of the Divine.
And so deceptive is the illusion in which you
live, that it is hard to guess where you will first
detect the sweet voice in the hearts of others.

But know that it is certainly within yourself.
Look for it there, and once having heard it, you
will more readily recognize it around you.

Note on Rule 10. — From an absolutely im-
personal point of view, otherwise your sight is
colored. Therefore impersonality must first be
understood.

Intelligence is impartial: no man is your
enemy: no man is your friend. All alike are
your teachers. Your enemy becomes a mystery
that must be solved, even though it take ages:
for man must be understood. Your friend becomes a part of yourself, an extension of yourself, a riddle hard to read. Only one thing is
more difficult to know — your own heart. Not
until the bonds of personality are loosed, can
that profound mystery of self begin to be seen.
Not till you stand aside from it will it in any
way reveal itself to your understanding. Then,
and not till then, can you grasp and guide it.
Then, and not till then, can you use all its
powers, and devote them to a worthy service.

Note on Rule 13. — It is impossible to help others till you have obtained some certainty of your own. When you have learned the first 21 rules and have entered the Hall of Learning with your powers developed and sense unchained, then you will find there is a fount within you from which speech will arise.

After the 13th rule I can add no words to what is already written.

My peace I give unto you.   △

These notes are written only for those to whom I give my peace; those who can read what I have written with the inner as well as the outer sense.

COMMENTS

I

"BEFORE THE EYES CAN SEE THEY MUST BE
INCAPABLE OF TEARS."

IT should be very clearly remembered by
all readers of this volume that it is a book
which may appear to have some little philosophy in it, but very little sense, to those who
believe it to be written in ordinary English.
To the many, who read in this manner it will
be — not caviare so much as olives strong of
their salt. Be warned and read but a little in
this way.

There is another way of reading, which is,
indeed, the only one of any use with many
authors. It is reading, not between the lines
but within the words. In fact, it is decipher-
ing a profound cipher. All alchemical works
are written in the cipher of which I speak;

[29]

it has been used by the great philosophers and
poets of all time. It is used systematically by
the adepts in life and knowledge, who, seemingly giving out their deepest wisdom, hide in
the very words which frame it its actual mystery. They cannot do more. There is a law of
nature which insists that a man shall read these
mysteries for himself. By no other method can
he obtain them. A man who desires to live
must eat his food himself: this is the simple law
of nature — which applies also to the higher
life. A man who would live and act in it cannot be fed like a babe with a spoon; he must
eat for himself.

I propose to put into new and sometimes
plainer language parts of "Light on the Path";
but whether this effort of mine will really be
any interpretation I cannot say. To a deaf
and dumb man, a truth is made no more intelligible if, in order to make it so, some mis-
guided linguist translates the words in which
it is couched into every living or dead language,
and shouts these different phrases in his ear.
But for those who are not deaf and dumb one

language is generally easier than the rest; and it is to such as these I address myself.

The very first aphorisms of "Light on the Path," included under Number I. have, I know well, remained sealed as to their inner meaning to many who have otherwise followed the purpose of the book.

There are four proven and certain truths with regard to the entrance to occultism. The Gates of Gold bar that threshold; yet there are some who pass those gates and discover the sublime and illimitable beyond. In the far spaces of Time all will pass those gates. But I am one who wish that Time, the great deluder, were not so over-masterful. To those who know and love him I have no word to say; but to the others — and there are not so very few as some may fancy — to whom the passage of Time is as the stroke of a sledgehammer, and the sense of Space like the bars of an iron cage, I will translate and re-translate until they understand fully.

The four truths written on the first page of "Light on the Path," refer to the trial initiation of the would-be occultist. Until he has passed it, he cannot even reach to the latch of the gate which admits to knowledge. Knowledge is man's greatest inheritance; why, then, should he not attempt to reach it by every possible road? The laboratory is not the only ground for experiment; *science,* we must remember, is derived from *sciens,* present participle of *scire,* "to know," — its origin is similar to that of the word "discern," "to ken." Science does not therefore deal only with matter, no, not even its subtlest and obscurest forms. Such an idea is born merely of the idle spirit of the age. Science is a word which covers all forms of knowledge. It is exceedingly interesting to hear what chemists discover, and to see them finding their way through the densities of matter to its finer forms; but there are other kinds of knowledge than this, and it is not every one who restricts his (strictly scientific) desire for knowledge to experiments which are capable of being tested by the physical senses.

Everyone who is not a dullard, or a man

stupefied by some predominant vice, has guessed, or even perhaps discovered with some certainty, that there are subtle senses lying within the physical senses. There is nothing at all extraordinary in this; if we took the trouble to call Nature into the witness box we should find that everything which is perceptible to the ordinary sight, has something even more important than itself hidden within it; the microscope has opened a world to us, but within those encasements which the microscope reveals, lies a mystery which no machinery can probe.

The whole world is animated and lit, down to its most material shapes, by a world within it. This inner world is called Astral by some people, and it is as good a word as any other, though it merely means starry; but the stars, as Locke pointed out, are luminous bodies which give light of themselves. This quality is characteristic of the life which lies within matter; for those who see it, need no lamp to see it by. The word star, moreover, is derived from the Anglo-Saxon "stir-an," to steer, to stir, to move, and undeniably it is the inner life which is master of the outer, just as a man's brain guides the movements of his lips. So that although Astral is no very excellent word in itself, I am content to use it for my present purpose.

The whole of "Light on the Path" is written in an astral cipher and can therefore only be deciphered by one who reads astrally. And its teaching is chiefly directed towards the cultivation and development of the astral life. Until the first step has been taken in this development, the swift knowledge, which is called intuition with certainty, is impossible to man. And this positive and certain intuition is the only form of knowledge which enables a man to work rapidly or reach his true and high estate, within the limit of his conscious effort. To obtain knowledge by experiment is too tedious a method for those who aspire to accomplish real work; he who gets it by certain intuition, lays hands on its various forms with supreme rapidity, by fierce effort of will; as a determined workman grasps his tools, indifferent to their weight or any other difficulty which may stand in his way. He does not stay for each to be tested — he uses such as he sees are fittest.

All the rules contained in "Light on the Path," are written for all disciples, but only for disciples — those who "take knowledge." To none else but the student in this school are its laws of any use or interest.

To all who are interested seriously in Occultism, I say first — take knowledge. To him who hath shall be given. It is useless to wait for it. The womb of Time will close before you, and in later days you will remain unborn, without power. I therefore say to those who have any hunger or thirst for knowledge, attend to these rules.

They are none of my handicraft or invention. They are merely the phrasing of laws in super-nature, the putting into words truths as absolute in their own sphere, as those laws which govern the conduct of the earth and its atmosphere.

The senses spoken of in these four statements are the astral, or inner senses.

No man desires to see that light which illumines the spaceless soul until pain and sorrow and despair have driven him away from the life of ordinary humanity. First he wears out pleasure; then he wears out pain — till, at last, his eyes become incapable of tears.

This is a truism, although I know perfectly well that it will meet with a vehement denial from many who are in sympathy with thoughts which spring from the inner life. *To see* with the astral sense of sight is a form of activity which it is difficult for us to understand immediately. The scientist knows very well what a miracle is achieved by each child that is born into the world, when it first conquers its eyesight and compels it to obey its brain. An equal miracle is performed with each sense certainly, but this ordering of sight is perhaps the most stupendous effort. Yet the child does it almost unconsciously, by force of the powerful heredity of habit. No one now is aware that he has ever done it at all; just as we cannot rec-

COMMENTS ON LIGHT ON THE PATH

ollect the individual movements which enabled
us to walk up a hill a year ago. This arises
from the fact that we move and live and have
our being in matter. Our knowledge of it has
become intuitive.

With our astral life it is very much otherwise. For long ages past, man has paid very
little attention to it — so little, that he has
practically lost the use of his senses. It is true,
that in every civilization the star arises, and
man confesses, with more or less of folly and
confusion, that he knows himself to be. But
most often he denies it, and in being a materialist becomes that strange thing, a being
which cannot see its own light, a thing of life
which will not live, an astral animal which has
eyes, and ears, and speech, and power, yet
will use none of these gifts. This is the case,
and the habit of ignorance has become so con-
firmed, that now none will see with the inner
vision till agony has made the physical eyes not
only unseeing, but without tears — the moisture
of life. To be incapable of tears is to have
faced and conquered the simple human nature,

and to have attained an equilibrium which cannot be shaken by personal emotions. It does not imply any hardness of heart, or any indifference. It does not imply the exhaustion of sorrow, when the suffering soul seems powerless to suffer acutely any longer; it does not mean the deadness of old age, when emotion is becoming dull because the strings which vibrate to it are wearing out. None of these conditions are fit for a disciple, and if any one of them exist in him it must be overcome before the path can be entered upon. Hardness of heart belongs to the selfish man, the egotist, to whom the gate is for ever closed. Indifference belongs to the fool and the false philosopher; those whose lukewarmness makes them mere puppets, not strong enough to face the realities of existence. When pain or sorrow has worn out the keenness of suffering, the result is a lethargy not unlike that which accompanies old age, as it is usually experienced by men and women. Such a condition makes the entrance to the path impossible, because the first step is one of difficulty and needs a strong man, full of psychic and physical vigor, to attempt it.

It is a truth, that, as Edgar Allan Poe said, the eyes are the windows for the soul, the windows of that haunted palace in which it dwells. This is the very nearest interpretation into ordinary language of the meaning of the text. If grief, dismay, disappointment or pleasure, can shake the soul so that it loses its fixed hold on the calm spirit which inspires it, and the moisture of life breaks forth, drowning knowledge in sensation, then all is blurred, the windows are darkened, the light is useless. This is as literal a fact as that if a man, at the edge of a precipice, loses his nerve through some sudden emotion he will certainly fall. The poise of the body, the balance, must be preserved, not only in dangerous places, but even on the level ground, and with all the assistance Nature gives us by the law of gravitation. So it is with the soul, it is the link between the outer body and the starry spirit beyond; the divine spark dwells in the still place where no convulsion of Nature can shake the air; this is so always. But the soul may lose its hold on that, its knowledge of it, even though these two are part of one whole; and it is by emotion, by sensation, that this hold is loosed. To suffer either pleasure or pain, causes a vivid vibration which is, to the consciousness of man, life. Now this sensibility does not lessen when the disciple enters upon his training; it increases. It is the first test of his strength; he must suffer, must enjoy or endure, more keenly than other men, while yet he has taken on him a duty which does not exist for other men, that of not allowing his suffering to shake him from his fixed purpose. He has, in fact, at the first step to take himself steadily in hand and put the bit into his own mouth; no one else can do it for him.

The first four aphorisms of "Light on the Path," refer entirely to astral development. This development must be accomplished to a certain extent — that is to say it must be fully entered upon — before the remainder of the book is really intelligible except to the intellect; in fact, before it can be read as a practical, not a metaphysical treatise.

[40]

In one of the great mystic Brotherhoods, there are four ceremonies, that take place early in the year, which practically illustrate and elucidate these aphorisms. They are ceremonies in which only novices take part, for they are simply services of the threshold. But it will show how serious a thing it is to become a disciple, when it is understood that these are all ceremonies of sacrifice. The first one is this of which I have been speaking. The keenest enjoyment, the bitterest pain, the anguish of loss and despair, are brought to bear on the trembling soul, which has not yet found light in the darkness, which is helpless as a blind man is, and until these shocks can be endured without loss of equilibrium the astral senses must remain sealed. This is the merciful law. The "medium," or "spiritualist," who rushes into the psychic world without preparation, is a law-breaker, a breaker of the laws of super-nature. Those who break Nature's laws lose their physical health; those who break the laws of the inner life, lose their psychic health. "Mediums" become mad, sui-

[41]

cides, miserable creatures devoid of moral
sense; and often end as unbelievers, doubters
even of that which their own eyes have seen.
The disciple is compelled to become his own
master before he adventures on this perilous
path, and attempts to face those beings who
live and work in the astral world, and whom
we call masters, because of their great knowledge and their ability to control not only
themselves but the forces around them.

The condition of the soul when it lives for
the life of sensation as distinguished from that
of knowledge, is vibratory or oscillating, as
distinguished from fixed. That is the nearest
literal representation of the fact; but it is only
literal to the intellect, not to the intuition.
For this part of man's consciousness a different
vocabulary is needed. The idea of "fixed"
might perhaps be transposed into that of "at
home." In sensation no permanent home can
be found, because change is the law of this
vibratory existence. That fact is the first one
which must be learned by the disciple. It is

useless to pause and weep for a scene in a kaleidoscope which has passed.

It is a very well-known fact, one with which Bulwer Lytton dealt with great power, that an intolerable sadness is the very first experience of the neophyte in Occultism. A sense of blankness falls upon him which makes the world a waste, and life a vain exertion. This follows his first serious contemplation of the abstract. In gazing, or even in attempting to gaze, on the ineffable mystery of his own higher nature, he himself causes the initial trial to fall on him. The oscillation between pleasure and pain ceases for — perhaps an instant of time; but that is enough to have cut him loose from his fast moorings in the world of sensation. He has experienced, however briefly, the greater life; and he goes on with ordinary existence weighted by a sense of unreality, of blank, of horrid negation. This was the nightmare which visited Bulwer Lytton's neophyte in "Zanoni"; and even Zanoni himself, who had learned great truths, and been entrusted with great powers, had not actually passed the

[43]

threshold where fear and hope, despair and joy seem at one moment absolute realities, at the next mere forms of fancy.

This initial trial is often brought on us by life itself. For life is after all, the great teacher. We return to study it, after we have acquired power over it, just as the master in chemistry learns more in the laboratory than his pupil does. There are persons so near the door of knowledge that life itself prepares them for it, and no individual hand has to invoke the hideous guardian of the entrance. These must naturally be keen and powerful organizations, capable of the most vivid pleasure; then pain comes and fills its great duty. The most intense forms of suffering fall on such a nature, till at last it arouses from its stupor of consciousness, and by the force of its internal vitality steps over the threshold into a place of peace. Then the vibration of life loses its power of tyranny. The sensitive nature must suffer still; but the soul has freed itself and stands aloof, guiding the life towards its greatness. Those who are the subjects of Time, and go slowly through all his spaces, live on through a long-drawn series of sensations, and suffer a constant mingling of pleasure and of pain. They do not dare to take the snake of self in a steady grasp and conquer it, so becoming divine; but prefer to go on fretting through divers experiences, suffering blows from the opposing forces.

When one of these subjects of Time decides to enter on the path of Occultism, it is this which is his first task. If life has not taught it to him, if he is not strong enough to teach himself, and if he has power enough to demand the help of a master, then this fearful trial, depicted in Zanoni, is put upon him. The oscillation in which he lives, is for an instant stilled; and he has to survive the shock of facing what seems to him at first sight as the abyss of nothingness. Not till he has learned to dwell in this abyss, and has found its peace, is it possible for his eyes to have become incapable of tears.

Δ

II

"BEFORE THE EAR CAN HEAR, IT MUST
HAVE LOST ITS SENSITIVENESS."

The first four rules of "Light on the Path"
are, undoubtedly, curious though the statement
may seem, the most important in the whole
book, save one only. Why they are so important is that they contain the vital law, the very
creative essence of the astral man. And it is
only in the astral (or self-illuminated) consciousness that the rules which follow them
have any living meaning. Once attain to the
use of the astral senses and it becomes a matter
of course that one commences to use them;
and the later rules are but guidance in their
use. When I speak like this I mean, naturally,
that the first four rules are the ones which are
of importance and interest to those who read
them in print upon a page. When they are
engraved on a man's heart and on his life, un-
mistakably then the other rules become not

merely interesting, or extraordinary, metaphysical statements, but actual facts in life
which have to be grasped and experienced.

The four rules stand written in the great
chamber of every actual lodge of a living
Brotherhood. Whether the man is about to
sell his soul to the devil, like Faust; whether
he is to be worsted in the battle, like Hamlet;
or whether he is to pass on within the pre-
cincts; in any case these words are for him.
The man can choose between virtue and vice,
but not until he is a man; a babe or a wild
animal cannot so choose. Thus with the disciple, he must first become a disciple before
he can even see the paths to choose between.
This effort of creating himself as a disciple,
the re-birth, he must do for himself without
any teacher. Until the four rules are learned
no teacher can be of any use to him; and that
is why "the Masters" are referred to in the
way they are. No real masters, whether adepts
in power, in love, or in blackness, can affect a
man till these four rules are passed.

Tears, as I have said, may be called the

moisture of life. The soul must have laid aside the emotions of humanity, must have secured a balance which cannot be shaken by misfortune, before its eyes can open upon the super-human world.

The voice of the Masters is always in the world; but only those hear it whose ears are no longer receptive of the sounds which affect the personal life. Laughter no longer lightens the heart, anger may no longer enrage it, tender words bring it no balm. For that within, to which the ears are as an outer gateway, is an unshaken place of peace in itself which no person can disturb.

As the eyes are the windows of the soul, so are the ears its gateways or doors. Through them comes knowledge of the confusion of the world. The great ones who have conquered life, who have become more than disciples, stand at peace and undisturbed amid the vibration and kaleidoscopic movement of humanity. They hold within themselves a certain knowledge, as well as a perfect peace; and thus they are not roused or excited by the partial and erroneous fragments of information which are brought to their ears by the changing voices of those around them. When I speak of knowledge, I mean intuitive knowledge. This certain information can never be obtained by hard work, or by experiment; for these methods are only applicable to matter, and matter is in itself a perfectly uncertain substance, continually affected by change. The most absolute and universal laws of natural and physical life, as understood by the scientist, will pass away when the life of this universe has passed away, and only its soul is left in the silence. What then will be the value of the knowledge of its laws acquired by industry and observation? I pray that no reader or critic will imagine that by what I have said I intend to depreciate or disparage acquired knowledge, or the work of scientists. On the contrary, I hold that scientific men are the pioneers of modern thought. The days of literature and of art, when poets and sculptors saw the divine light, and put it into their own great language — these days lie buried in the

LIGHT ON THE PATH

long past with the ante-Phidian sculptors and the pre-Homeric poets. The mysteries no longer rule the world of thought and beauty; human life is the governing power, not that which lies beyond it. But the scientific workers are progressing, not so much by their own will as by sheer force of circumstances, towards the far line which divides things interpretable from things uninterpretable. Every fresh discovery drives them a step onward. Therefore do I very highly esteem the knowledge obtained by work and experiment.

But intuitive knowledge is an entirely different thing. It is not acquired in any way, but is, so to speak, a faculty of the soul; not the animal soul, that which becomes a ghost after death, when lust or liking or the memory of ill deeds holds it to the neighborhood of human beings, but the divine soul which animates all the external forms of the individualized being.

This is, of course, a faculty which indwells in that soul, which is inherent. The would-be disciple has to arouse himself to the consciousness of it by a fierce and resolute and indomitable effort of will. I use the word indomitable for a special reason. Only he who is untameable, who cannot be dominated, who knows he has to play the lord over men, over facts, over all things save his own divinity, can arouse this faculty. "With faith all things are possible." The skeptical laugh at faith and pride themselves on its absence from their own minds. The truth is that faith is a great engine, an enormous power, which in fact can accomplish all things. For it is the covenant or engagement between man's divine part and his lesser self.

The use of this engine is quite necessary in order to obtain intuitive knowledge; for unless a man believes such knowledge exists within himself how can he claim and use it?

Without it he is more helpless than any driftwood or wreckage on the great tides of the ocean. They are cast hither and thither indeed; so may a man be by the chances of fortune. But such adventures are purely external and of very small account. A slave may be dragged through the streets in chains, and yet retain the quiet soul of a philosopher, as was well seen in the person of Epictetus. A man may have every worldly prize in his possession, and stand absolute master of his personal fate, to all appearance, and yet he knows no peace, no certainty, because he is shaken within himself by every tide of thought that he touches on. And these changing tides do not merely sweep the man bodily hither and thither like driftwood on the water; that would be nothing. They enter into the gateways of his soul, and wash over that soul and make it blind and blank and void of all permanent intelligence, so that passing impressions affect it.

To make my meaning plainer I will use an illustration. Take an author at his writing, a painter at his canvas, a composer listening to the melodies that dawn upon his glad imagination; let any one of these workers pass his daily hours by a wide window looking on a busy street. The power of the animating life blinds sight and hearing alike, and the great traffic of

the city goes by like nothing but a passing
pageant. But a man whose mind is empty,
whose day is objectless, sitting at that same
window, notes the passers-by and remembers
the faces that chance to please or interest him.
So it is with the mind in its relation to eternal
truth. If it no longer transmits its fluctuations,
its partial knowledge, its unreliable information to the soul, then in the inner place of
peace already found when the first rule has
been learned — in that inner place there leaps
into flame the light of actual knowledge. Then
the ears begin to hear. Very dimly, very
faintly at first. And, indeed, so faint and
tender are these first indications of the commencement of true actual life, that they are
sometimes pushed aside as mere fancies, mere
imaginings.

But before these are capable of becoming
more than mere imaginings, the abyss of
nothingness has to be faced in another form.
The utter silence which can only come by closing the ears to all transitory sounds comes as
a more appalling horror than even the formless

emptiness of space. Our only mental conception of blank space is, I think, when reduced
to its barest element of thought, that of black
darkness. This is a great physical terror to
most persons, and when regarded as an eternal
and unchangeable fact, must mean to the mind
the idea of annihilation rather than anything
else. But it is the obliteration of one sense
only; and the sound of a voice may come and
bring comfort even in the profoundest darkness. The disciple, having found his way into
this blackness, which is the fearful abyss, must
then so shut the gates of his soul that no
comforter can enter there nor any enemy. And
it is in making this second effort that the fact
of pain and pleasure being but one sensation
becomes recognizable by those who have before
been unable to perceive it. For when the soli-
tude of silence is reached the soul hungers so
fiercely and passionately for some sensation on
which to rest, that a painful one would be as
keenly welcomed as a pleasant one. When
this consciousness is reached the courageous
man by seizing and retaining it, may destroy

the "sensitiveness" at once. When the ear no longer discriminates between that which is pleasant or that which is painful, it will no longer be affected by the voices of others. And then it is safe and possible to open the doors of the soul.

"Sight" is the first effort, and the easiest, because it is accomplished partly by an intellectual effort. The intellect can conquer the heart, as is well known in ordinary life. Therefore, this preliminary step still lies within the dominion of matter. But the second step allows of no such assistance, nor of any material aid whatever. Of course, I mean by material aid the action of the brain, or emotions, or human soul. In compelling the ears to listen only to the eternal silence, the being we call man becomes something which is no longer man. A very superficial survey of the thousand and one influences which are brought to bear on us by others will show that this must be so. A disciple will fulfil all the duties of his manhood; but he will fulfil them according to his own sense of right, and not according to

[55]

that of any person or body of persons. This
is a very evident result of following the creed
of knowledge instead of any of the blind
creeds.

To obtain the pure silence necessary for the
disciple, the heart and emotions, the brain and
its intellectualisms, have to be put aside. Both
are but mechanisms, which will perish with the
span of man's life. It is the essence beyond,
that which is the motive power, and makes man
live, that is now compelled to rouse itself and
act. Now is the greatest hour of danger. In
the first trial men go mad with fear; of this
first trial Bulwer Lytton wrote. No novelist
has followed to the second trial, though some
of the poets have. Its subtlety and great
danger lies in the fact that in the measure of a
man's strength is the measure of his chance of
passing beyond it or coping with it at all. If
he has power enough to awaken that unac-
customed part of himself, the supreme essence,
then has he power to lift the gates of gold,
then is he the true alchemist, in possession of
the elixir of life.

It is at this point of experience that the occultist becomes separated from all other men and enters on to a life which is his own; on to the path of individual accomplishment instead of mere obedience to the genii which rule our earth. This raising of himself into an individual power does in reality identify him with the nobler forces of life and make him one with them. For they stand beyond the powers of this earth and the laws of this universe. Here lies man's only hope of success in the great effort; to leap right away from his present standpoint to his next and at once become an intrinsic part of the divine power as he has been an intrinsic part of the intellectual power, of the great nature to which he belongs. He stands always in advance of himself, if such a contradiction can be understood. It is the men who adhere to this position, who believe in their innate power of progress, and that of the whole race, who are the elder brothers, the pioneers. Each man has to accomplish the great leap for himself and without aid; yet it is something of a staff to lean on to know that

others have gone on that road. It is possible
that they have been lost in the abyss; no
matter, they have had the courage to enter it.
Why I say that it is possible they have been
lost in the abyss is because of this fact, that one
who has passed through is unrecognizable until
the other and altogether new condition is attained by both. It is unnecessary to enter upon
the subject of what that condition is at present.

I only say this, that in the early state in
which man is entering upon the silence he loses
knowledge of his friends, of his lovers, of all
who have been near and dear to him; and also
loses sight of his teachers and of those who
have preceded him on his way. I explain this
because scarce one passes through without
bitter complaint. Could but the mind grasp
beforehand that the silence must be complete,
surely this complaint need not arise as a hin-
drance on the path. Your teacher, or your
predecessor may hold your hand in his, and
give you the utmost sympathy the human heart
is capable of. But when the silence and the
darkness comes, you lose all knowledge of him;

you are alone and he cannot help you, not because his power is gone, but because you have invoked your great enemy.

By your great enemy, I mean yourself. If you have the power to face your own soul in the darkness and silence, you will have conquered the physical or animal self which dwells in sensation only.

This statement, I feel, will appear involved; but in reality it is quite simple. Man, when he has reached his fruition, and civilization is at its height, stands between two fires. Could he but claim his great inheritance, the encumbrance of the mere animal life would fall away from him without difficulty. But he does not do this, and so the races of men flower and then droop and die and decay off the face of the earth, however splendid the bloom may have been. And it is left to the individual to make this great effort; to refuse to be terrified by his greater nature, to refuse to be drawn back by his lesser or more material self. Every individual who accomplishes this is a redeemer of the race. He may not blazon forth his deeds,

he may dwell in secret and silence; but it is
a fact that he forms a link between man and
his divine part; between the known and the
unknown; between the stir of the market place
and the stillness of the snow-capped Himalayas. He has not to go about among men in
order to form this link; in the astral he *is* that
link, and this fact makes him a being of
another order from the rest of mankind. Even
so early on the road towards knowledge, when
he has but taken the second step, he finds his
footing more certain, and becomes conscious
that he is a recognized part of a whole.

This is one of the contradictions in life
which occur so constantly that they afford fuel
to the fiction writer. The occultist finds them
become much more marked as he endeavors to
live the life he has chosen. As he retreats within himself and becomes self-dependent, he finds
himself more definitely becoming part of a
great tide of definite thought and feeling.
When he has learned the first lesson, conquered the hunger of the heart, and refused
to live on the love of others, he finds himself

more capable of inspiring love. As he flings
life away it comes to him in a new form and
with a new meaning. The world has always
been a place with many contradictions in it,
to the man; when he becomes a disciple he
finds life is describable as a series of paradoxes.
This is a fact in nature, and the reason for it is
intelligible enough. Man's soul "dwells like
a star apart," even that of the vilest among
us; while his consciousness is under the law of
vibratory and sensuous life. This alone is
enough to cause those complications of character which are the material for the novelist;
every man is a mystery, to friend and enemy
alike, and to himself. His motives are often
undiscoverable, and he cannot probe to them or
know why he does this or that. The disciple's
effort is that of awakening consciousness in
this starry part of himself, where his power
and divinity lie sleeping. As this consciousness
becomes awakened, the contradictions in the
man himself become more marked than ever;
and so do the paradoxes which he lives
through. For, of course man creates his own

[61]

life; and "adventures are to the adventurous" is one of those wise proverbs which are drawn from actual fact, and cover the whole area of human experience.

Pressure on the divine part of man re-acts upon the animal part. As the silent soul awakes it makes the ordinary life of the man more purposeful, more vital, more real, and responsible. To keep to the two instances already mentioned, the occultist who has withdrawn into his own citadel has found his strength; immediately he becomes aware of the demands of duty upon him. He does not obtain his strength by his own right, but because he is a part of the whole; and as soon as he is safe from the vibration of life and can stand unshaken, the outer world cries out to him to come and labor in it. So with the heart. When it no longer wishes to take, it is called upon to give abundantly.

"Light on the Path" has been called a book of paradoxes, and very justly; what else could it be, when it deals with the actual personal experience of the disciple?

To have acquired the astral senses of sight
and hearing; or in other words to have attained
perception and opened the doors of the soul,
are gigantic tasks and may take the sacrifice
of many successive incarnations. And yet, when
the will has reached its strength, the whole
miracle may be worked in a second of time.
Then is the disciple the servant of Time no
longer.

These two first steps are negative; that is
to say they imply retreat from a present condition of things rather than advance towards
another. The two next are active, implying the
advance into another state of being.

Δ

III

"BEFORE THE VOICE CAN SPEAK IN THE PRESENCE OF THE MASTERS."

Speech is the power of communication; the moment of entrance into active life is marked by its attainment.

And now, before I go any further, let me explain a little the way in which the rules written down in "Light on the Path" are arranged. The first seven of those which are numbered are sub-divisions of the two first unnumbered rules, those with which I have dealt in the two preceding papers. The numbered rules were simply an effort of mine to make the unnumbered ones more intelligible. "Eight" to "fifteen" of these numbered rules belong to this unnumbered rule which is now my text.

As I have said, these rules are written for all disciples, but for none else; they are not

of interest to any other persons. Therefore
I trust no one else will trouble to read these
papers any further. The first two rules, which
include the whole of that part of the effort
which necessitates the use of the surgeon's
knife, I will enlarge upon further if I am asked
to do so. But the disciple is expected to deal
with the snake, his lower self, unaided; to sup-
press his human passions and emotions by the
force of his own will. He can only demand
assistance of a master when this is accomplished, or at all events, partially so. Otherwise
the gates and windows of his soul are blurred,
and blinded, and darkened, and no knowledge
can come to him. I am not, in these papers,
purposing to tell a man how to deal with his
own soul; I am simply giving, to the disciple,
knowledge. That I am not writing, even now,
so that all who run may read, is owing to the
fact that super-nature prevents this by its own
immutable laws.

The four rules which I have written down
for those in the West who wish to study them,
are as I have said, written in the ante-chamber

of every living Brotherhood; I may add more, in the ante-chamber of every living or dead Brotherhood, or Order yet to be formed. When I speak of a Brotherhood or an Order, I do not mean an arbitrary constitution made by scholiasts and intellectualists; I mean an actual fact in super-nature, a stage of development towards the absolute God or Good. During this development the disciple encounters harmony, pure knowledge, pure truth, in different degrees, and, as he enters these degrees, he finds himself becoming part of what might be roughly described as a layer of human consciousness. He encounters his equals, men of his own self-less character, and with them his association becomes permanent and indissoluble, because founded on a vital likeness of nature. To them he becomes pledged by such vows as need no utterance or framework in ordinary words. This is one aspect of what I mean by a Brotherhood.

If the first rules are conquered, the disciple finds himself standing at the threshold. Then if his will is sufficiently resolute his power of speech comes; a two-fold power. For, as he advances now, he finds himself entering into a state of blossoming, where every bud that opens throws out its several rays or petals. If he is to exercise his new gift, he must use it in its two-fold character. He finds in himself the power to speak in the presence of the masters; in other words, he has the right to demand contact with the divinest element of that state of consciousness into which he has entered. But he finds himself compelled, by the nature of his position, to act in two ways at the same time. He cannot send his voice up to the heights where sit the gods till he has penetrated to the deep places where their light shines not at all. He has come within the grip of an iron law. If he demands to become a neophyte, he at once becomes a servant. Yet his service is sublime, if only from the character of those who share it. For the masters are also servants; they serve and claim their reward afterwards. Part of their service is to let their knowledge touch him; his first act of service is to give some of that knowledge to those who are not yet fit to stand where he stands. This is no arbitrary decision, made by any master or teacher or any such person, however divine. It is a law of that life which the disciple has entered upon.

Therefore was it written in the inner doorway of the lodges of the old Egyptian Brotherhood, "The laborer is worthy of his hire."

"Ask and ye shall have," sounds like something too easy and simple to be credible. But the disciple cannot "ask" in the mystic sense in which the word is used in this scripture until he has attained the power of helping others.

Why is this? Has the statement too dogmatic a sound?

Is it too dogmatic to say that a man must have foothold before he can spring? The position is the same. If help is given, if work is done, then there is an actual claim — not what we call a personal claim of payment, but the claim of co-nature. The divine give, they demand that you also shall give before you can be of their kin.

This law is discovered as soon as the dis-

ciple endeavors to speak. For speech is a gift
which comes only to the disciple of power and
knowledge. The spiritualist enters the psychic-
astral world, but he does not find there any
certain speech, unless he at once claims it and
continues to do so. If he is interested in "phe-
nomena," or the mere circumstance and acci-
dent of astral life, then he enters no direct ray
of thought or purpose, he merely exists and
amuses himself in the astral life as he has
existed and amused himself in the physical life.
Certainly there are one or two simple lessons
which the psychic-astral can teach him, just
as there are simple lessons which material and
intellectual life teach him. And these lessons
have to be learned; the man who proposes to
enter upon the life of the disciple without having learned the early and simple lessons must
always suffer from his ignorance. They are
vital, and have to be studied in a vital manner;
experienced through and through, over and
over again, so that each part of the nature has
been penetrated by them.

To return. In claiming the power of speech,

as it is called, the Neophyte cries out to the Great One who stands foremost in the ray of knowledge on which he has entered, to give him guidance. When he does this, his voice is hurled back by the power he has approached, and echoes down to the deep recesses of human ignorance. In some confused and blurred manner the news that there is knowledge and a beneficent power which teaches is carried to as many men as will listen to it. No disciple can cross the threshold without communicating this news, and placing it on record in some fashion or other.

He stands horror-struck at the imperfect and unprepared manner in which he has done this; and then comes the desire to do it well, and with the desire thus to help others comes the power. For it is a pure desire, this which comes upon him; he can gain no credit, no glory, no personal reward by fulfilling it. And therefore he obtains the power to fulfil it.

The history of the whole past, so far as we can trace it, shows very plainly that there is neither credit, glory, nor reward to be gained

by this first task which is given to the Neophyte. Mystics have always been sneered at,
and seers disbelieved; those who have had the
added power of intellect have left for posterity
their written record, which to most men appears unmeaning and visionary, even when the
authors have the advantage of speaking from a
far-off past. The disciple who undertakes the
task, secretly hoping for fame or success, to
appear as a teacher and apostle before the
world, fails even before his task is attempted,
and his hidden hypocrisy poisons his own soul,
and the souls of those he touches. He is
secretly worshiping himself, and this idolatrous
practice must bring its own reward.

The disciple who has the power of entrance,
and is strong enough to pass each barrier, will,
when the divine message comes to his spirit,
forget himself utterly in the new consciousness
which falls on him. If this lofty contact can
really rouse him, he becomes as one of the
divine in his desire to give rather than to take,
in his wish to help rather than be helped, in
his resolution to feed the hungry rather than

take manna from Heaven himself. His nature is transformed, and the selfishness which prompts men's actions in ordinary life suddenly deserts him.

IV

"BEFORE THE VOICE CAN SPEAK IN THE
PRESENCE OF THE MASTERS, IT MUST HAVE
LOST THE POWER TO WOUND."

Those who give a merely passing and superficial attention to the subject of occultism —
and their name is Legion — constantly inquire
why, if adepts in life exist, they do not appear
in the world and show their power. That the
chief body of these wise ones should be understood to dwell beyond the fastnesses of the
Himalayas, appears to be a sufficient proof that
they are only figures of straw. Otherwise, why
place them so far off?

Unfortunately, Nature has done this and
not personal choice or arrangement. There are
certain spots on the earth where the advance
of "civilization" is unfelt, and the nineteenth
century fever is kept at bay. In these favored
places there is always time, always opportunity,

for the realities of life; they are not crowded
out by the doings of an inchoate, money-loving,
pleasure seeking society. While there are
adepts upon the earth, the earth must preserve
to them places of seclusion. This is a fact in
nature which is only an external expression of
a profound fact in super-nature.

The demand of the neophyte remains un-
heard until the voice in which it is uttered has
lost the power to wound. This is because the
divine-astral life* is a place in which order
reigns, just as it does in natural life. There
is, of course, always the center and the cir-
cumference as there is in nature. Close to the
central heart of life, on any plane, there is
knowledge, there order reigns completely; and
chaos makes dim and confused the outer margin of the circle. In fact, life in every form
bears a more or less strong resemblance to a

*Of course every occultist knows by reading
Eliphas Lévi and other authors that the "astral"
plane is a plane of unequalized forces, and that a
state of confusion necessarily prevails. But this does
not apply to the "divine astral" plane, which is a
plane where wisdom, and therefore order, prevails.

philosophic school. There are always the devo-
tees of knowledge who forget their own lives
in their pursuit of it; there are always the
flippant crowd who come and go — of such,
Epictetus said that it was as easy to teach
them philosophy as to eat custard with a fork.
The same state exists in the super-astral life;
and the adept has an even deeper and more
profound seclusion there in which to dwell.
This place of retreat is so safe, so sheltered,
that no sound which has discord in it can reach
his ears. Why should this be, will be asked at
once, if he is a being of such great powers as
those say who believe in his existence? The
answer seems very apparent. He serves humanity and identifies himself with the whole world;
he is ready to make vicarious sacrifice for it at
any moment — *by living not by dying for it.*
Why should he not die for it? Because he is
part of the great whole, and one of the most
valuable parts of it. Because he lives under
laws of order which he does not desire to
break. His life is not his own, but that of the
forces which work behind him. He is the

[75]

flower of humanity, the bloom which contains the divine seed. He is, in his own person, a treasure of the universal nature, which is guarded and made safe in order that the fruition shall be perfected. It is only at definite periods of the world's history that he is allowed to go among the herd of men as their redeemer. But for those who have the power to separate themselves from this herd he is always at hand. And for those who are strong enough to conquer the vices of the personal human nature, as set forth in these four rules, he is consciously at hand, easily recognized, ready to answer.

But this conquering of self implies a destruction of qualities which most men regard as not only indestructible but desirable. The "power to wound" includes much that men value, not only in themselves, but in others. The instinct of self-defense and of self-preservation is part of it; the idea that one has any right or rights, either as citizen, or man, or individual, the pleasant consciousness of self-respect and of virtue. These are hard sayings to many; yet they are true. For these words that I am writing now, and those which I have written on this subject, are not in any sense my own. They are drawn from the traditions of the lodge of the Great Brotherhood, which was once the secret splendor of Egypt. The rules written in its ante-chamber were the same as those now written in the ante-chamber of existing schools. Through all time the wise men have lived apart from the mass. And even when some temporary purpose or object induces one of them to come into the midst of human life, his seclusion and safety is preserved as completely as ever. It is part of his inheritance, part of his position, he has an actual title to it, and can no more put it aside than the Duke of Westminster can say he does not choose to be the Duke of Westminster. In the various great cities of the world an adept lives for a while from time to time, or perhaps only passes through; but all are occasionally aided by the actual power and presence of one of these men. Here in London, as in Paris and St. Petersburgh, there are men high in development. But they are only known as mystics by those who have the power to recognize; the power given by the conquering of self. Otherwise how could they exist, even for an hour, in such a mental and psychic atmosphere as is created by the confusion and disorder of a city? Unless protected and made safe their own growth would be interfered with, their work injured. And the neophyte may meet an adept in the flesh, may live in the same house with him, and yet be unable to recognize him, and unable to make his own voice heard by him. For no nearness in space, no closeness of relations, no daily intimacy, can do away with the inexorable laws which give the adept his seclusion. No voice penetrates to his inner hearing till it has become a divine voice, a voice which gives no utterance to the cries of self. Any lesser appeal would be as useless, as much a waste of energy and power, as for mere children who are learning their alphabet to be taught it by a professor of philology. Until a man has become, in heart and spirit, a disciple, he has no existence for those who are teachers of disciples. And he becomes this by one method only

— the surrender of his personal humanity.

For the voice to have lost the power to wound, a man must have reached that point where he sees himself only as one of the vast multitudes that live; one of the sands washed hither and thither by the sea of vibratory existence. It is said that every grain of sand in the ocean bed does, in its turn, get washed up on to the shore and lie for a moment in the sunshine. So with human beings, they are driven hither and thither by a great force, and each, in his turn, finds the sunrays on him. When a man is able to regard his own life as part of a whole like this he will no longer struggle in order to obtain anything for himself. This is the surrender of personal rights. The ordinary man expects, not to take equal fortunes with the rest of the world, but in some points, about which he cares, to fare better than the others. The disciple does not expect this. Therefore, though he be, like Epictetus, a chained slave, he has no word to say about it. He knows that the wheel of life turns ceaselessly. Burne Jones has shown it in his marvellous picture — the wheel turns, and on it are bound the rich and the poor, the great and the small — each has his moment of good fortune when the wheel brings him uppermost — the King rises and falls, the poet is *feted* and forgotten, the slave is happy and afterwards discarded. Each in his turn is crushed as the wheel turns on. The disciple knows that this is so, and though it is his duty to make the utmost of the life that is his, he neither complains of it nor is elated by it, nor does he complain against the better fortune of others. All alike, as he well knows, are but learning a lesson; and he smiles at the socialist and the reformer who endeavor by sheer force to re-arrange circumstances which arise out of the forces of human nature itself. This is but kicking against the pricks; a waste of life and energy.

In realizing this a man surrenders his imagined individual rights, of whatever sort. That takes away one keen sting which is common to all ordinary men.

When the disciple has fully recognized that the very thought of individual rights is only the outcome of the venomous quality in himself, that it is the hiss of the snake of self which poisons with its sting his own life and the lives of those about him, then he is ready to take part in a yearly ceremony which is open to all neophytes who are prepared for it. All weapons of defense and offense are given up; all weapons of mind and heart, and brain, and spirit. Never again can another man be regarded as a person who can be criticized or condemned; never again can the neophyte raise his voice in self-defense or excuse. From that ceremony he returns into the world as helpless, as unprotected, as a new-born child. That, indeed, is what he is. He has begun to be born again on to the higher plane of life, that breezy and well-lit plateau from whence the eyes see intelligently and regard the world with a new insight.

I have said, a little way back, that after parting with the sense of individual rights, the disciple must part also with the sense of self-respect and of virtue. This may sound a terrible doctrine, yet all occultists know well that it is not a doctrine, but a fact. He who thinks himself holier than another, he who has any pride in his own exemption from vice or folly, he who believes himself wise, or in any way superior to his fellow men, is incapable of discipleship. A man must become as a little child before he can enter into the kingdom of heaven.

Virtue and wisdom are sublime things; but if they create pride and a consciousness of separateness from the rest of humanity in the mind of a man, then they are only the snakes of self re-appearing in a finer form. At any moment he may put on his grosser shape and sting as fiercely as when he inspired the actions of a murderer who kills for gain or hatred, or a politician who sacrifices the mass for his own or his party's interests.

In fact, to have lost the power to wound, implies that the snake is not only scotched, but killed. When it is merely stupefied or lulled to sleep it awakes again and the disciple uses his knowledge and his power for his own ends, and is a pupil of the many masters of the black art, for the road to destruction is very broad and easy, and the way can be found blindfold. That it is the way to destruction is evident, for when a man begins to live for self he narrows his horizon steadily till at last the fierce driving inwards leaves him but the space of a pin's-head to dwell in. We have all seen this phenomenon occur in ordinary life. A man who becomes selfish isolates himself, grows less interesting and less agreeable to others. The sight is an awful one, and people shrink from a very selfish person at last, as from a beast of prey. How much more awful is it when it occurs on the more advanced plane of life, with the added powers of knowledge, and through the greater sweep of successive incarnations!

Therefore I say, pause and think well upon the threshold. For if the demand of the neophyte is made without the complete purification, it will not penetrate the seclusion of the divine adept, but will evoke the terrible forces which attend upon the black side of our human nature.

[83]

V

"BEFORE THE SOUL CAN STAND IN THE
PRESENCE OF THE MASTERS, ITS FEET MUST
BE WASHED IN THE BLOOD OF THE HEART."

The word soul, as used here, means the
divine soul, or "starry spirit."

"To be able to stand is to have confidence";
and to have confidence means that the disciple
is sure of himself, that he has surrendered his
emotions, his very self, even his humanity;
that he is incapable of fear and unconscious of
pain; that his whole consciousness is centered
in the divine life, which is expressed symboli-
cally by the term "the Masters"; that he has
neither eyes, nor ears, nor speech, nor power,
save in and for the divine ray on which his
highest sense has touched. Then is he fearless,
free from suffering, free from anxiety or dismay; his soul stands without shrinking or
desire of postponement, in the full blaze of the

divine light which penetrates through and
through his being. Then he has come into his
inheritance and can claim his kinship with the
teachers of men; he is upright, he has raised
his head, he breathes the same air that they do.

But before it is in any way possible for him
to do this, the feet of the soul must be washed
in the blood of the heart.

The sacrifice, or surrender of the heart of
man, and its emotions, is the first of the rules;
it involves the "attaining of an equilibrium
which cannot be shaken by personal emotion."
This is done by the stoic philosopher; he, too,
stands aside and looks equably upon his own
sufferings, as well as on those of others.

In the same way that "tears" in the language of occultists expresses the soul of
emotion, not its material appearance, so blood
expresses, not that blood which is an essential
of physical life, but the vital creative principle
in man's nature, which drives him into human
life in order to experience pain and pleasure,
joy and sorrow. When he has let the blood
flow from the heart he stands before the Mas-

ters as a pure spirit which no longer wishes to incarnate for the sake of emotion and experience. Through great cycles of time successive incarnations in gross matter may yet be his lot; but he no longer desires them, the crude wish to live has departed from him. When he takes upon him man's form in the flesh he does it in the pursuit of a divine object, to accomplish the work of "the Masters," and for no other end. He looks neither for pleasure nor pain, asks for no heaven, and fears no hell; yet he has entered upon a great inheritance which is not so much a compensation for these things surrendered, as a state which simply blots out the memory of them. He lives now not in the world, but with it; his horizon has extended itself to the width of the whole universe.

△

KARMA

CONSIDER with me that the individual existence is a rope which stretches from the
infinite to the infinite and has no end and no
commencement, neither is it capable of being
broken. This rope is formed of innumerable
fine threads, which, lying closely together,
form its thickness. These threads are colorless,
are perfect in their qualities of straightness,
strength, and levelness. This rope, passing as
it does through all places, suffers strange
accidents. Very often a thread is caught and
becomes attached, or perhaps is only violently
pulled away from its even way. Then for a
great time it is disordered, and it disorders the
whole. Sometimes one is stained with dirt or
with color, and not only does the stain run on
further than the spot of contact, but it discolors
other of the threads. And remember that the
threads are living — are like electric wires,
more, are like quivering nerves. How far, then,

must the stain, the drag awry, be communicated! But eventually the long strands, the living threads which in their unbroken continuity form the individual, pass out of the shadow into the shine. Then the threads are no longer colorless, but golden; once more they lie together, level. Once more harmony is established between them; and from that harmony within the greater harmony is perceived.

This illustration presents but a small portion — a single side of the truth: it is less than a fragment. Yet, dwell on it; by its aid you may be led to perceive more. What it is necessary first to understand is, not that the future is arbitrarily formed by any separate acts of the present, but that the whole of the future is in unbroken continuity with the present as the present is with the past. On one plane, from one point of view, the illustration of the rope is correct.

It is said that a little attention to occultism produces great Karmic results. That is because it is impossible to give any attention to occultism without making a definite choice be-

tween what are familiarly called good and evil.
The first step in occultism brings the student to
the tree of knowledge. He must pluck and eat;
he must choose. No longer is he capable of the
indecision of ignorance. He goes on, either on
the good or on the evil path. And to step
definitely and knowingly even but one step on
either path produces great Karmic results. The
mass of men walk waveringly, uncertain as to
the goal they aim at; their standard of life is
indefinite; consequently their Karma operates
in a confused manner. But when once the
threshold of knowledge is reached, the confusion begins to lessen, and consequently the
Karmic results increase enormously, because
all are acting in the same direction on all the
different planes: for the occultist cannot be
half-hearted, nor can he return when he has
passed the threshold. These things are as
impossible as that the man should become the
child again. The individuality has approached
the state of responsibility by reason of growth;
it cannot recede from it.

He who would escape from the bondage of

Karma must raise his individuality out of the shadow into the shine; must so elevate his existence that these threads do not come in contact with soiling substances, do not become so attached as to be pulled awry. He simply lifts himself out of the region in which Karma operates. He does not leave the existence which he is experiencing because of that. The ground may be rough and dirty, or full of rich flowers whose pollen stains, and of sweet substances that cling and become attachments — but overhead there is always the free sky. He who desires to be Karmaless must look to the air for a home; and after that to the ether. He who desires to form good Karma will meet with many confusions, and in the effort to sow rich seed for his own harvesting may plant a thousand weeds, and among them the giant. Desire to sow no seed for your own harvesting; desire only to sow that seed the fruit of which shall feed the world. You are a part of the world; in giving it food you feed yourself. Yet in even this thought there lurks a great danger which starts forward and faces the disciple, who has for long thought himself working for good, while in his inmost soul he has perceived only evil; that is, he has thought himself to be intending great benefit to the world while all the time he has unconsciously embraced the thought of Karma, and the great benefit he works for is for himself. A man may refuse to allow himself to think of reward. But in that very refusal is seen the fact that reward is desired. And it is useless for the disciple to strive to learn by means of checking himself. The soul must be unfettered, the desires free. But until they are fixed only on that state wherein there is neither reward nor punishment, good nor evil, it is in vain that he endeavors. He may seem to make great progress, but some day he will come face to face with his own soul, and will recognize that when he came to the tree of knowledge he chose the bitter fruit and not the sweet; and then the veil will fall utterly, and he will give up his freedom and become a slave of desire. Therefore be warned, you who are but turning toward the life of occultism. Learn now that there is no cure for desire, no cure for the love of reward, no cure for the misery of longing, save in the fixing of the sight and hearing upon that which is invisible and soundless. Begin even now to practice it, and so a thousand serpents will be kept from your path. Live in the eternal.

The operations of the actual laws of Karma are not to be studied until the disciple has reached the point at which they no longer affect himself. The initiate has a right to demand the secrets of nature and to know the rules which govern human life. He obtains this right by having escaped from the limits of nature and by having freed himself from the rules which govern human life. He has become a recognized portion of the divine element, and is no longer affected by that which is temporary. He then obtains a knowledge of the laws which govern temporary conditions. Therefore you who desire to understand the laws of Karma, attempt first to free yourself from these laws; and this can only be done by fixing your attention on that which is unaffected by those laws.

THROUGH THE GATES OF GOLD

Through the
Gates of Gold

A FRAGMENT OF THOUGHT

THEOSOPHICAL UNIVERSITY PRESS
PASADENA, CALIFORNIA

Once, as I sat alone writing, a mysterious Visitor entered my study, unannounced, and stood beside me. I forgot to ask who he was or why he entered so unceremoniously, for he began to tell me of the Gates of Gold. He spoke from knowledge, and from the fire of his speech I caught faith. I have written down his words; but, alas, I cannot hope that the fire shall burn so brightly in my writing as in his speech.

M. C.

PROLOGUE

EVERY man has a philosophy of life of his
own, except the true philosopher. The most
ignorant boor has some conception of his object
in living, and definite ideas as to the easiest
and wisest way of attaining that object. The
man of the world is often, unconsciously to
himself, a philosopher of the first rank. He
deals with his life on principles of the clearest
character, and refuses to let his position be
shattered by chance disaster. The man of
thought and imagination has less certainty,
and finds himself continually unable to formu-
late his ideas on that subject most profoundly
interesting to human nature, — human life
itself. The true philosopher is the one who
would lay no claim to the name whatever, who
has discovered that the mystery of life is
unapproachable by ordinary thought, just as
the true scientist confesses his complete
ignorance of the principles which lie behind
science.

Whether there is any mode of thought or any effort of the mind which will enable a man to grasp the great principles that evidently exist as causes in human life, is a question no ordinary thinker can determine. Yet the dim consciousness that there is cause behind the effects we see, that there is order ruling the chaos and sublime harmony pervading the discords, haunts the eager souls of the earth, and makes them long for vision of the unseen and knowledge of the unknowable.

Why long and look for that which is beyond all hope until the inner eyes are opened? Why not piece together the fragments that we have at hand, and see whether from them some shape cannot be given to the vast puzzle?

CHAPTER I

THE SEARCH FOR PLEASURE

I

WE are all acquainted with that stern thing called misery, which pursues man, and strangely enough, as it seems at first, pursues him with no vague or uncertain method, but with a positive and unbroken pertinacity. Its presence is not absolutely continuous, else man must cease to live; but its pertinacity is without any break. There is always the shadowy form of despair standing behind man ready to touch him with its terrible finger if for too long he finds himself content. What has given this ghastly shape the right to haunt us from the hour we are born until the hour we die? What has given it the right to stand always at our door, keeping that door ajar with its impalpable yet plainly horrible hand, ready to enter at the moment it sees fit? The greatest philosopher that ever lived succumbs before it at last; and he only is a philosopher, in any sane sense, who

[3]

recognizes the fact that it is irresistible, and knows that like all other men he must suffer soon or late. It is part of the heritage of men, this pain and distress; and he who determines that nothing shall make him suffer, does but cloak himself in a profound and chilly selfishness. This cloak may protect him from pain; it will also separate him from pleasure. If peace is to be found on earth, or any joy in life, it cannot be by closing up the gates of feeling, which admit us to the loftiest and most vivid part of our existence. Sensation, as we obtain it through the physical body, affords us all that induces us to live in that shape. It is inconceivable that any man would care to take the trouble of breathing, unless the act brought with it a sense of satisfaction. So it is with every deed of every instant of our life. We live because it is pleasant even to have the sensation of pain. It is sensation we desire, else we would with one accord taste of the deep waters of oblivion, and the human race would become extinct. If this is the case in the physical life, it is evidently the case with the

[4]

life of the emotions, — the imagination, the sensibilities, all those fine and delicate formations which, with the marvellous recording mechanism of the brain, make up the inner or subtile man. Sensation is that which makes their pleasure; an infinite series of sensations is life to them. Destroy the sensation which makes them wish to persevere in the experiment of living, and there is nothing left. Therefore the man who attempts to obliterate the sense of pain, and who proposes to maintain an equal state whether he is pleased or hurt, strikes at the very root of life, and destroys the object of his own existence. And that must apply, so far as our present reasoning or intuitive powers can show us, to every state, even to that of the Oriental's longed-for Nirvana. This condition can only be one of infinitely subtiler and more exquisite sensation, if it is a state at all, and not annihilation; and according to the experience of life from which we are at present able to judge, increased subtility of sensation means increased vividness, — as, for instance, a man of sensibility

[5]

and imagination feels more in consequence of
the unfaithfulness or faithfulness of a friend
than can a man of even the grossest physical
nature feel through the medium of the senses.
Thus it is clear that the philosopher who
refuses to feel, leaves himself no place to
retreat to, not even the distant and unattainable Nirvanic goal. He can only deny himself
his heritage of life, which is in other words
the right of sensation. If he chooses to sacrifice that which makes him man, he must be
content with mere idleness of consciousness, —
a condition compared to which the oyster's
is a life of excitement.

But no man is able to accomplish such a
feat. The fact of his continued existence proves
plainly that he still desires sensation, and
desires it in such positive and active form that
the desire must be gratified in physical life. It
would seem more practical not to deceive one's
self by the sham of stoicism, not to attempt
renunciation of that with which nothing would
induce one to part. Would it not be a bolder
policy, a more promising mode of solving the

great enigma of existence, to grasp it, to take hold firmly and to demand of it the mystery of itself? If men will but pause and consider what lessons they have learned from pleasure and pain, much might be guessed of that strange thing which causes these effects. But men are prone to turn away hastily from self-study, or from any close analysis of human nature. Yet there must be a science of life as intelligible as any of the methods of the schools. The science is unknown, it is true, and its existence is merely guessed, merely hinted at, by one or two of our more advanced thinkers. The development of a science is only the discovery of what is already in existence; and chemistry is as magical and incredible now to the ploughboy as the science of life is to the man of ordinary perceptions. Yet there may be, and there must be, a seer who perceives the growth of the new knowledge as the earliest dabblers in the experiments of the laboratory saw the system of knowledge now attained evolving itself out of nature for man's use and benefit.

II

Doubtless many more would experiment in suicide, as many now do, in order to escape from the burden of life, if they could be convinced that in that manner oblivion might be found. But he who hesitates before drinking the poison from the fear of only inviting change of mode of existence, and perhaps a more active form of misery, is a man of more knowledge than the rash souls who fling themselves wildly on the unknown, trusting to its kindliness. The waters of oblivion are something very different from the waters of death, and the human race cannot become extinct by means of death while the law of birth still operates. Man returns to physical life as the drunkard returns to the flagon of wine, — he knows not why, except that he desires the sensation produced by life as the drunkard desires the sensation produced by wine. The true waters of oblivion lie far behind our consciousness, and can only be reached by ceasing to exist in that consciousness, — by ceasing to exert the will which makes us full of senses and sensibilities.

Why does not the creature man return into that great womb of silence whence he came, and remain in peace, as the unborn child is at peace before the impetus of life has reached it? He does not do so because he hungers for pleasure and pain, joy and grief, anger and love. The unfortunate man will maintain that he has no desire for life; and yet he proves his words false by living. None can compel him to live; the galley-slave may be chained to his oar, but his life cannot be chained to his body. The superb mechanism of the human body is as useless as an engine whose fires are not lit, if the will to live ceases, — that will which we maintain resolutely and without pause, and which enables us to perform the tasks which otherwise would fill us with dismay, as, for instance, the momently drawing in and giving out of the breath. Such herculean efforts as this we carry on without complaint, and indeed with pleasure, in order that we may exist in the midst of innumerable sensations.

[9]

And more; we are content, for the most part, to go on without object or aim, without any idea of a goal or understanding of which way we are going. When the man first becomes aware of this aimlessness, and is dimly conscious that he is working with great and constant efforts, and without any idea towards what end those efforts are directed, then descends on him the misery of nineteenth-century thought. He is lost and bewildered, and without hope. He becomes sceptical, disillusioned, weary, and asks the apparently unanswerable question whether it is indeed worth while to draw his breath for such unknown and seemingly unknowable results. But are these results unknowable? At least, to ask a lesser question, is it impossible to make a guess as to the direction in which our goal lies?

III

This question, born of sadness and weariness, which seems to us essentially part of the spirit of the nineteenth century, is in fact a

question which must have been asked all
through the ages. Could we go back throughout history intelligently, no doubt we should
find that it came always with the hour when
the flower of civilization had blown to its
full, and when its petals were but slackly held
together. The natural part of man has
reached then its utmost height; he has rolled
the stone up the Hill of Difficulty only to watch
it roll back again when the summit is reached,
— as in Egypt, in Rome, in Greece. Why this
useless labor? Is it not enough to produce a
weariness and sickness unutterable, to be forever accomplishing a task only to see it undone
again? Yet that is what man has done throughout history, so far as our limited knowledge
reaches. There is one summit to which, by
immense and united efforts, he attains, where
there is a great and brilliant efflorescence of all
the intellectual, mental, and material part of
his nature. The climax of sensuous perfection
is reached, and then his hold weakens, his
power grows less, and he falls back, through
despondency and satiety, to barbarism. Why

does he not stay on this hill-top he has reached, and look away to the mountains beyond, and resolve to scale those greater heights? Because he is ignorant, and seeing a great glittering in the distance, drops his eyes bewildered and dazzled, and goes back for rest to the shadowy side of his familiar hill. Yet there is now and then one brave enough to gaze fixedly on this glittering, and to decipher something of the shape within it. Poets and philosophers, thinkers and teachers, — all those who are the "elder brothers of the race," — have beheld this sight from time to time, and some among them have recognized in the bewildering glitter the outlines of the Gates of Gold.

Those Gates admit us to the sanctuary of man's own nature, to the place whence his life-power comes, and where he is priest of the shrine of life. That it is possible to enter here, to pass through those Gates, some one or two have shown us. Plato, Shakespeare, and a few other strong ones have gone through and spoken to us in veiled language on the near side of the Gates. When the strong man has crossed the threshold he speaks no more to those at the other side. And even the words he utters when he is outside are so full of mystery, so veiled and profound, that only those who follow in his steps can see the light within them.

IV

What men desire is to ascertain how to exchange pain for pleasure; that is, to find out in what way consciousness may be regulated in order that the sensation which is most agreeable is the one that is experienced. Whether this can be discovered by dint of human thought is at least a question worth considering.

If the mind of man is turned upon any given subject with a sufficient concentration, he obtains illumination with regard to it sooner or later. The particular individual in whom the final illumination appears is called a genius, an inventor, one inspired; but he is only the crown of a great mental work created by unknown men about him, and receding back from him through long vistas of distance. Without them he would not have had his material to deal with. Even the poet requires innumerable poetasters to feed upon. He is the essence of the poetic power of his time, and of the times before him. It is impossible to separate an individual of any species from his kin.

If, therefore, instead of accepting the unknown as unknowable, men were *with one accord* to turn their thoughts towards it, those Golden Gates would not remain so inexorably shut. It does but need a strong hand to push them open. The courage to enter them is the courage to search the recesses of one's own nature without fear and without shame. In the fine part, the essence, the flavor of the man, is found the key which unlocks those great Gates. And when they open, what is it that is found?

Voices here and there in the long silence

of the ages speak to answer that question. Those who have passed through have left words behind them as legacies to others of their kin. In these words we can find definite indications of what is to be looked for beyond the Gates. But only those who desire to go that way read the meaning hidden within the words. Scholars, or rather scholiasts, read the sacred books of different nations, the poetry and the philosophy left by enlightened minds, and find in it all the merest materiality. Imagination glorifying legends of nature, or exaggerating the psychic possibilities of man, explains to them all that they find in the Bibles of humanity.

What is to be found within the words of those books is to be found in each one of us; and it is impossible to find in literature or through any channel of thought that which does not exist in the man who studies. This is of course an evident fact known to all real students. But it has to be especially remembered in reference to this profound and obscure subject, as men so readily believe that nothing

[15]

can exist for others where they themselves find emptiness.

One thing is soon perceived by the man who reads: those who have gone before have not found that the Gates of Gold lead to oblivion. On the contrary, sensation becomes real for the first time when that threshold is crossed. But it is of a new order, an order unknown to us now, and by us impossible to appreciate without at least some clew as to its character. This clew can be obtained undoubtedly by any student who cares to go through all the literature accessible to us. That mystic books and manuscripts exist, but remain inaccessible simply because there is no man ready to read the first page of any one of them, becomes the conviction of all who have studied the subject sufficiently. For there must be the continuous line all through: we see it go from dense ignorance up to intelligence and wisdom; it is only natural that it should go on to intuitive knowledge and to inspiration. Some scant fragments we have of these great gifts of man; where, then, is the whole of which they must be a part? Hidden behind the thin yet seemingly impassable veil which hides it from us as it hid all science, all art, all powers of man till he had the courage to tear away the screen. That courage comes only of conviction. When once man believes that the thing exists which he desires, he will obtain it at any cost. The difficulty in this case lies in man's incredulity. It requires a great tide of thought and attention to set in towards the unknown region of man's nature in order that its gates may be unlocked and its glorious vistas explored.

That it is worth while to do this whatever the hazard may be, all must allow who have asked the sad question of the nineteenth century, — Is life worth living? Surely it is sufficient to spur man to new effort, — the suspicion that beyond civilization, beyond mental culture, beyond art and mechanical perfection, there is a new, another gateway, admitting to the realities of life.

V

When it seems as if the end was reached, the goal attained, and that man has no more to do, — just then, when he appears to have no choice but between eating and drinking and living in his comfort as the beasts do in theirs, and scepticism which is death, — then it is that in fact, if he will but look, the Golden Gates are before him. With the culture of the age within him and assimilated perfectly, so that he is himself an incarnation of it, then he is fit to attempt the great step which is absolutely possible, yet is attempted by so few even of those who are fitted for it. It is so seldom attempted, partly because of the profound difficulties which surround it, but much more because man does not realize that this is actually the direction in which pleasure and satisfaction are to be obtained.

There are certain pleasures which appeal to each individual; every man knows that in one layer or another of sensation he finds his chief delight. Naturally he turns to this systematically through life, just as the sunflower turns to the sun and the water-lily leans on the water. But he struggles throughout with an awful fact which oppresses him to the soul, — that no sooner has he obtained his pleasure than he loses it again and has once more to go in search of it. More than that; he never actually reaches it, for it eludes him at the final moment. This is because he endeavors to seize that which is untouchable and satisfy his soul's hunger for sensation by contact with external objects. How can that which is external satisfy or even please the inner man, — the thing which reigns within and has no eyes for matter, no hands for touch of objects, no senses with which to apprehend that which is outside its magic walls? Those charmed barriers which surround it are limitless, for it is everywhere; it is to be discovered in all living things, and no part of the universe can be conceived of without it, if that universe is regarded as a coherent whole. And unless that point is granted at the outset it is useless to consider the subject of life at all. Life is indeed meaningless unless it is universal and coherent, and unless we maintain our existence by reason of the fact that we are part of that which is, not by reason of our own being.

This is one of the most important factors in the development of man, the recognition — profound and complete recognition — of the law of universal unity and coherence. The separation which exists between individuals, between worlds, between the different poles of the universe and of life, the mental and physical fantasy called space, is a nightmare of the human imagination. That nightmares exist, and exist only to torment, every child knows; and what we need is the power of discrimination between the phantasmagoria of the brain, which concern ourselves only, and the phantasmagoria of daily life, in which others also are concerned. This rule applies also to the larger case. It concerns no one but ourselves that we live in a nightmare of unreal horror, and fancy ourselves alone in the universe and capable of independent action, so long as our associates are those only who are a part of the dream; but when

[20]

we desire to speak with those who have tried
the Golden Gates and pushed them open, then
it is very necessary — in fact it is essential —
to discriminate, and not bring into our life the
confusions of our sleep. If we do, we are
reckoned as madmen, and fall back into the
darkness where there is no friend but chaos.
This chaos has followed every effort of man
that is written in history; after civilization has
flowered, the flower falls and dies, and winter
and darkness destroy it. While man refuses
to make the effort of discrimination which
would enable him to distinguish between the
shapes of night and the active figures of day,
this must inevitably happen.

But if man has the courage to resist this
reactionary tendency, to stand steadily on the
height he has reached and put out his foot in
search of yet another step, why should he
not find it? There is nothing to make one
suppose the pathway to end at a certain point,
except that tradition which has declared it is
so, and which men have accepted and hug to
themselves as a justification for their indolence.

VI

Indolence is, in fact, the curse of man. As the Irish peasant and the cosmopolitan gypsy dwell in dirt and poverty out of sheer idleness, so does the man of the world live contented in sensuous pleasures for the same reason. The drinking of fine wines, the tasting of delicate food, the love of bright sights and sounds, of beautiful women and admirable surroundings, — these are no better for the cultivated man, no more satisfactory as a final goal of enjoyment for him, than the coarse amusements and gratifications of the boor are for the man without cultivation. There can be no final point, for life in every form is one vast series of fine gradations; and the man who elects to stand still at the point of culture he has reached, and to avow that he can go no further, is simply making an arbitrary statement for the excuse of his indolence. Of course there is a possibility of declaring that the gypsy is content in his dirt and poverty, and, because he is so, is as great a man as the most highly

cultured. But he only is so while he is ignorant;
the moment light enters the dim mind the
whole man turns towards it. So it is on the
higher platform; only the difficulty of penetrat-
ing the mind, of admitting the light, is even
greater. The Irish peasant loves his whiskey,
and while he can have it cares nothing for the
great laws of morality and religion which are
supposed to govern humanity and induce men
to live temperately. The cultivated gourmand
cares only for subtle tastes and perfect flavors;
but he is as blind as the merest peasant to the
fact that there is anything beyond such gratifications. Like the boor he is deluded by a
mirage that oppresses his soul; and he fancies,
having once obtained a sensuous joy that
pleases him, to give himself the utmost satisfaction by endless repetition, till at last he
reaches madness. The bouquet of the wine he
loves enters his soul and poisons it, leaving
him with no thoughts but those of sensuous
desire; and he is in the same hopeless state
as the man who dies mad with drink. What
good has the drunkard obtained by his

madness? None; pain has at last swallowed up pleasure utterly, and death steps in to terminate the agony. The man suffers the final penalty for his persistent ignorance of a law of nature as inexorable as that of gravitation, — a law which forbids a man to stand still. Not twice can the same cup of pleasure be tasted; the second time it must contain either a grain of poison or a drop of the elixir of life.

The same argument holds good with regard to intellectual pleasures; the same law operates. We see men who are the flower of their age in intellect, who pass beyond their fellows and tower over them, entering at last upon a fatal treadmill of thought, where they yield to the innate indolence of the soul and begin to delude themselves by the solace of repetition. Then comes the barrenness and lack of vitality, — that unhappy and disappointing state into which great men too often enter when middle life is just passed. The fire of youth, the vigor of the young intellect, conquers the inner inertia and makes the man scale heights of thought and fill his mental

[24]

lungs with the free air of the mountains. But then at last the physical reaction sets in; the physical machinery of the brain loses its powerful impetus and begins to relax its efforts, simply because the youth of the body is at an end. Now the man is assailed by the great tempter of the race who stands forever on the ladder of life waiting for those who climb so far. He drops the poisoned drop into the ear, and from that moment all consciousness takes on a dulness, and the man becomes terrified lest life is losing its possibilities for him. He rushes back on to a familiar platform of experience, and there finds comfort in touching a well-known chord of passion or emotion. And too many having done this linger on, afraid to attempt the unknown, and satisfied to touch continually that chord which responds most readily. By this means they get the assurance that life is still burning within them. But at last their fate is the same as that of the gourmand and the drunkard. The power of the spell lessens daily as the machinery which feels loses its vitality; and the man endeavors

[25]

to revive the old excitement and fervor by striking the note more violently, by hugging the thing that makes him feel, by drinking the cup of poison to its fatal dregs. And then he is lost; madness falls on his soul, as it falls on the body of the drunkard. Life has no longer any meaning for him, and he rushes wildly into the abysses of intellectual insanity. A lesser man who commits this great folly wearies the spirits of others by a dull clinging to familiar thought, by a persistent hugging of the treadmill which he asserts to be the final goal. The cloud that surrounds him is as fatal as death itself, and men who once sat at his feet turn away grieved, and have to look back at his early words in order to remember his greatness.

VII

What is the cure for this misery and waste of effort? Is there one? Surely life itself has a logic in it and a law which makes existence possible; otherwise chaos and madness would be the only state which would be attainable.

When a man drinks his first cup of pleasure his soul is filled with the unutterable joy that comes with a first, a fresh sensation. The drop of poison that he puts into the second cup, and which, if he persists in that folly, has to become doubled and trebled till at last the whole cup is poison, — that is the ignorant desire for repetition and intensification; this evidently means death, according to all analogy. The child becomes the man; he cannot retain his childhood and repeat and intensify the pleasures of childhood except by paying the inevitable price and becoming an idiot. The plant strikes its roots into the ground and throws up green leaves; then it blossoms and bears fruit. That plant which will only make roots or leaves, pausing persistently in its development, is regarded by the gardener as a thing which is useless and must be cast out.

The man who chooses the way of effort, and refuses to allow the sleep of indolence to dull his soul, finds in his pleasures a new and finer joy each time he tastes them, — a something subtile and remote which removes them

more and more from the state in which mere
sensuousness is all; this subtile essence is that
elixir of life which makes man immortal. He
who tastes it and who will not drink unless it
is in the cup finds life enlarge and the world
grow great before his eager eyes. He recognizes the soul within the woman he loves, and
passion becomes peace; he sees within his
thought the finer qualities of spiritual truth,
which is beyond the action of our mental machinery, and then instead of entering on the
treadmill of intellectualisms he rests on the
broad back of the eagle of intuition and soars
into the fine air where the great poets found
their insight; he sees within his own power of
sensation, of pleasure in fresh air and sunshine,
in food and wine, in motion and rest, the possibilities of the subtile man, the thing which
dies not either with the body or the brain. The
pleasures of art, of music, of light and loveli-
ness, — within these forms, which men repeat
till they find only the forms, he sees the glory
of the Gates of Gold, and passes through to
find the new life beyond which intoxicates and

strengthens, as the keen mountain air intoxicates and strengthens, by its very vigor. But
if he has been pouring, drop by drop, more
and more of the elixir of life into his cup, he
is strong enough to breathe this intense air and
to live upon it. Then if he die or if he live in
physical form, alike he goes on and finds new
and finer joys, more perfect and satisfying
experiences, with every breath he draws in and
gives out.

CHAPTER II

I

THERE is no doubt that at the entrance on a new phase of life something has to be given up. The child, when it has become the man, puts away childish things. Saint Paul showed in these words, and in many others which he has left us, that he had tasted of the elixir of life, that he was on his way towards the Gates of Gold. With each drop of the divine draught which is put into the cup of pleasure something is purged away from that cup to make room for the magic drop. For Nature deals with her children generously: man's cup is always full to the brim; and if he chooses to taste of the fine and life-giving essence, he must cast away something of the grosser and less sensitive part of himself. This has to be done daily, hourly, momently, in order that the draught of life may steadily increase. And to do this unflinchingly, a man must be his own

[30]

schoolmaster, must recognize that he is always
in need of wisdom, must be ready to practise
any austerities, to use the birch-rod unhesi-
tatingly against himself, in order to gain his
end. It becomes evident to any one who regards
the subject seriously, that only a man who has
the potentialities in him both of the voluptuary and the stoic has any chance of entering
the Golden Gates. He must be capable of
testing and valuing to its most delicate fraction
every joy existence has to give; and he must
be capable of denying himself all pleasure, and
that without suffering from the denial. When
he has accomplished the development of this
double possibility, then he is able to begin
sifting his pleasures and taking away from his
consciousness those which belong absolutely to
the man of clay. When those are put back,
there is the next range of more refined pleasures to be dealt with. The dealing with these
which will enable a man to find the essence of
life is not the method pursued by the stoic
philosopher. The stoic does not allow that
there is joy within pleasure, and by denying

himself the one loses the other. But the true philosopher, who has studied life itself without being bound by any system of thought, sees that the kernel is within the shell, and that, instead of crunching up the whole nut like a gross and indifferent feeder, the essence of the thing is obtained by cracking the shell and casting it away. All emotion, all sensation, lends itself to this process, else it could not be a part of man's development, an essential of his nature. For that there is before him power, life, perfection, and that every portion of his passage thitherwards is crowded with the means of helping him to his goal, can only be denied by those who refuse to acknowledge life as apart from matter. Their mental position is so absolutely arbitrary that it is useless to encounter or combat it. Through all time the unseen has been pressing on the seen, the immaterial overpowering the material; through all time the signs and tokens of that which is beyond matter have been waiting for the men of matter to test and weigh them. Those who will not do so have chosen the place of pause

arbitrarily, and there is nothing to be done
but let them remain there undisturbed, working
that treadmill which they believe to be the
utmost activity of existence.

II

There is no doubt that a man must educate
himself to perceive that which is beyond matter,
just as he must educate himself to perceive
that which is in matter. Every one knows that
the early life of a child is one long process
of adjustment, of learning to understand the
use of the senses with regard to their special
provinces, and of practice in the exercise of
difficult, complex, yet imperfect organs entirely
in reference to the perception of the world of
matter. The child is in earnest and works on
without hesitation if he means to live. Some
infants born into the light of earth shrink from
it, and refuse to attack the immense task which
is before them, and which must be accomplished in order to make life in matter possible.

These go back to the ranks of the unborn; we see them lay down their manifold instrument, the body, and fade into sleep. So it is with the great crowd of humanity when it has triumphed and conquered and enjoyed in the world of matter. The individuals in that crowd, which seems so powerful and confident in its familiar demesne, are infants in the presence of the immaterial universe. And we see them, on all sides, daily and hourly, refusing to enter it, sinking back into the ranks of the dwellers in physical life, clinging to the consciousnesses they have experienced and understand. The intellectual rejection of all purely spiritual knowledge is the most marked indication of this indolence, of which thinkers of every standing are certainly guilty.

That the initial effort is a heavy one is evident, and it is clearly a question of strength, as well as of willing activity. But there is no way of acquiring this strength, or of using it when acquired, except by the exercise of the will. It is vain to expect to be born into great possessions. In the kingdom of life there is no

heredity except from the man's own past. He
has to accumulate that which is his. This is
evident to any observer of life who uses his
eyes without blinding them by prejudice; and
even when prejudice is present, it is impossible
for a man of sense not to perceive the fact. It
is from this that we get the doctrine of punishment and salvation, either lasting through great
ages after death, or eternal. This doctrine is a
narrow and unintelligent mode of stating the
fact in Nature that what a man sows that shall
he reap. Swedenborg's great mind saw the fact
so clearly that he hardened it into a finality in
reference to this particular existence, his prejudices making it impossible for him to perceive
the possibility of new action when there is no
longer the sensuous world to act in. He was too
dogmatic for scientific observation, and would
not see that, as the spring follows the autumn,
and the day the night, so birth must follow
death. He went very near the threshold of the
Gates of Gold, and passed beyond mere intel-
lectualism, only to pause at a point but one
step farther. The glimpse of the life beyond

which he had obtained appeared to him to contain the universe; and on his fragment of experience he built up a theory to include all life, and refused progress beyond that state or any possibility outside it. This is only another form of the weary treadmill. But Swedenborg stands foremost in the crowd of witnesses to the fact that the Golden Gates exist and can be seen from the heights of thought, and he has cast us a faint surge of sensation from their threshold.

III

When once one has considered the meaning of those Gates, it is evident that there is no other way out of this form of life except through them. They only can admit man to the place where he becomes the fruit of which manhood is the blossom. Nature is the kindest of mothers to those who need her; she never wearies of her children or desires them to lessen in multitude. Her friendly arms open wide to

the vast throng who desire birth and to dwell
in forms; and while they continue to desire
it, she continues to smile a welcome. Why,
then, should she shut her doors on any? When
one life in her heart has not worn out a hun-
dredth part of the soul's longing for sensation
such as it finds there, what reason can there
be for its departure to any other place? Surely
the seeds of desire spring up where the sower
has sown them. This seems but reasonable; and
on this apparently self-evident fact the Indian
mind has based its theory of re-incarnation, of
birth and re-birth in matter, which has become
so familiar a part of Eastern thought as no
longer to need demonstration. The Indian
knows it as the Western knows that the day
he is living through is but one of many days
which make up the span of a man's life. This
certainty which is possessed by the Eastern with
regard to natural laws that control the great
sweep of the soul's existence is simply acquired
by habits of thought. The mind of many is
fixed on subjects which in the West are considered unthinkable. Thus it is that the East

has produced the great flowers of the spiritual growth of humanity. On the mental steps of a million men Buddha passed through the Gates of Gold; and because a great crowd pressed about the threshold he was able to leave behind him words which prove that those Gates will open.

CHAPTER III

I

IT is very easily seen that there is no one point in a man's life or experience where he is nearer the soul of things than at any other. That soul, the sublime essence, which fills the air with a burnished glow, is there, behind the Gates it colors with itself. But that there is no one pathway to it is immediately perceived from the fact that this soul must from its very nature be universal. The Gates of Gold do not admit to any special place; what they do is to open for egress from a special place. Man passes through them when he casts off his limitation. He may burst the shell that holds him in darkness, tear the veil that hides him from the eternal, at any point where it is easiest for him to do so; and most often this point will be where he least expects to find it. Men go in search of escape with the help of their minds, and lay down arbitrary and limited

[39]

laws as to how to attain the, to them, unattainable. Many, indeed, have hoped to pass through by the way of religion, and instead they have formed a place of thought and feeling so marked and fixed that it seems as though long ages would be insufficient to enable them to get out of the rut. Some have believed that by the aid of pure intellect a way was to be found; and to such men we owe the philosophy and metaphysics which have prevented the race from sinking into utter sensuousness. But the end of the man who endeavors to live by thought alone is that he dwells in fantasies, and insists on giving them to other men as substantial food. Great is our debt to the metaphysicians and transcendentalists; but he who follows them to the bitter end, forgetting that the brain is only one organ of use, will find himself dwelling in a place where a dull wheel of argument seems to turn forever on its axis, yet goes nowhither and carries no burden.

Virtue (or what seems to each man to be virtue, his own special standard of morality and purity) is held by those who practise it to be a way to heaven. Perhaps it is, to the heaven of the modern sybarite, the ethical voluptuary. It is as easy to become a gourmand in pure living and high thinking as in the pleasures of taste or sight or sound. Gratification is the aim of the virtuous man as well as of the drunkard; even if his life be a miracle of abstinence and self-sacrifice, a moment's thought shows that in pursuing this apparently heroic path he does but pursue pleasure. With him pleasure takes on a lovely form because his gratifications are those of a sweet savor, and it pleases him to give gladness to others rather than to enjoy himself at their expense. But the pure life and high thoughts are no more finalities in themselves than any other mode of enjoyment; and the man who endeavors to find contentment in them must intensify his effort and continually repeat it, — all in vain. He is a green plant indeed, and the leaves are beautiful; but more is wanted than leaves. If he persists in his endeavor blindly, believing that he has reached his goal when he has not even perceived it, then he finds himself in that dreary place where good is done perforce, and the deed of virtue is without the love that should shine through it. It is well for a man to lead a pure life, as it is well for him to have clean hands, — else he becomes repugnant. But virtue as we understand it now can no more have any special relation to the state beyond that to which we are limited than any other part of our constitution. Spirit is not a gas created by matter, and we cannot create our future by forcibly using one material agent and leaving out the rest. Spirit is the great life on which matter rests, as does the rocky world on the free and fluid ether; whenever we can break our limitations we find ourselves on that marvellous shore where Wordsworth once saw the gleam of the gold. When we enter there all the present must disappear alike, — virtue and vice, thought and sense. That a man reaps what he has sown must of course be true also; he has no power to carry virtue, which is of the material life, with him; yet the aroma of his good deeds is a far sweeter sacrifice than the odor of crime and cruelty. Yet it may be, however, that by the practice of virtue he will fetter himself into one groove, one changeless fashion of life in matter, so firmly that it is impossible for the mind to conceive that death is a sufficient power to free him, and cast him upon the broad and glorious ocean, — a sufficient power to undo for him the inexorable and heavy latch of the Golden Gate. And sometimes the man who has sinned so deeply that his whole nature is scarred and blackened by the fierce fire of selfish gratification is at last so utterly burned out and charred that from the very vigor of the passion light leaps forth. It would seem more possible for such a man at least to reach the threshold of the Gates than for the mere ascetic or philosopher.

But it is little use to reach the threshold of the Gates without the power to pass through. And that is all that the sinner can hope to do by the dissolution of himself which comes from seeing his own soul. At least this appears to be so, inevitably because his condition is negative. The man who lifts the latch of the

Golden Gate must do so with his own strong hand, must be absolutely positive. This we can see by analogy. In everything else in life, in every new step or development, it is necessary for a man to exercise his most dominant will in order to obtain it fully. Indeed in many cases, though he has every advantage and though he use his will to some extent, he will fail utterly of obtaining what he desires from lack of the final and unconquerable resolution. No education in the world will make a man an intellectual glory to his age, even if his powers are great; for unless he positively desires to seize the flower of perfection, he will be but a dry scholar, a dealer in words, a proficient in mechanical thought, and a mere wheel of memory. And the man who has this positive quality in him will rise in spite of adverse circumstances, will recognize and seize upon the tide of thought which is his natural food, and will stand as a giant at last in the place he willed to reach. We see this practically every day in all walks of life. Wherefore it does not seem possible that the man who has simply succeeded through the passions in wrecking the dogmatic and narrow part of his nature should pass through those great Gates. But as he is not blinded by prejudice, nor has fastened himself to any treadmill of thought, nor caught the wheel of his soul in any deep rut of life, it would seem that if once the positive will might be born within him, he could at some time not hopelessly far distant lift his hand to the latch.

Undoubtedly it is the hardest task we have yet seen set us in life, that which we are now talking of, — to free a man of all prejudice, of all crystallized thought or feeling, of all limitations, yet develop within him the positive will. It seems too much of a miracle; for in ordinary life positive will is always associated with crystallized ideas. But many things which have appeared to be too much of a miracle for accomplishment have yet been done, even in the narrow experience of life given to our present humanity. All the past shows us that difficulty is no excuse for dejection, much less for despair; else the world would have been without the many wonders of civilization. Let us consider the thing more seriously, therefore, having once used our minds to the idea that it is not impossible.

The great initial difficulty is that of fastening the interest on that which is unseen. Yet this is done every day, and we have only to observe how it is done in order to guide our own conduct. Every inventor fastens his interest firmly on the unseen; and it entirely depends on the firmness of that attachment whether he is successful or whether he fails. The poet who looks on to his moment of creation as that for which he lives, sees that which is invisible and hears that which is soundless.

Probably in this last analogy there is a clew as to the mode by which success in this voyage to the unknown bourn ("whence," indeed, "no traveller returns") is attained. It applies also to the inventor and to all who reach out beyond the ordinary mental and psychical level of humanity. The clew lies in that word "creation."

II

The words "to create" are often understood by the ordinary mind to convey the idea of evolving something out of nothing. This is clearly not its meaning; we are mentally obliged to provide our Creator with chaos from which to produce the worlds. The tiller of the soil, who is the typical producer of social life, must have his material, his earth, his sky, rain, and sun, and the seeds to place within the earth. Out of nothing he can produce nothing. Out of a void Nature cannot arise; there is that material beyond, behind, or within, from which she is shaped by our desire for a universe. It is an evident fact that the seeds and the earth, air, and water which cause them to germinate exist on every plane of action. If you talk to an inventor, you will find that far ahead of what he is now doing he can always perceive some other thing to be done which he cannot express in words because as yet he has not

[47]

drawn it into our present world of objects. That knowledge of the unseen is even more definite in the poet, and more inexpressible until he has touched it with some part of that consciousness which he shares with other men. But in strict proportion to his greatness he lives in the consciousness which the ordinary man does not even believe can exist, — the consciousness which dwells in the greater universe, which breathes in the vaster air, which beholds a wider earth and sky, and snatches seeds from plants of giant growth.

It is this place of consciousness that we need to reach out to. That it is not reserved only for men of genius is shown by the fact that martyrs and heroes have found it and dwelt in it. It is not reserved for men of genius only, but it can only be found by men of great soul.

In this fact there is no need for discouragement. Greatness in man is popularly supposed to be a thing inborn. This belief must be a result of want of thought, of blindness to facts of nature. Greatness can only be attained by

growth; that is continually demonstrated to us.
Even the mountains, even the firm globe itself,
these are great by dint of the mode of growth
peculiar to that state of materiality, — accumu-
lation of atoms. As the consciousness inherent
in all existing forms passes into more
advanced forms of life it becomes more active,
and in proportion it acquires the power
of growth by assimilation instead of accumu-
lation. Looking at existence from this special
point of view (which indeed is a difficult one
to maintain for long, as we habitually look
at life in planes and forget the great lines
which connect and run through these), we
immediately perceive it to be reasonable to
suppose that as we advance beyond our present
standpoint the power of growth by assimilation
will become greater and probably change into
a method yet more rapid, easy, and unconscious. The universe is, in fact, full of mag-
nificent promise for us, if we will but lift our
eyes and see. It is that lifting of the eyes
which is the first need and the first difficulty;
we are so apt readily to be content with

what we see within touch of our hands. It is the essential characteristic of the man of genius that he is comparatively indifferent to that fruit which is just within touch, and hungers for that which is afar on the hills. In fact he does not need the sense of contact to arouse longing. He knows that this distant fruit, which he perceives without the aid of the physical senses, is a subtler and a stronger food than any which appeals to them. And how is he rewarded! When he tastes that fruit, how strong and sweet is its flavor, and what a new sense of life rushes upon him! For in recognizing that flavor he has recognized the existence of the subtile senses, those which feed the life of the inner man; and it is by the strength of that inner man, and by his strength only, that the latch of the Golden Gates can be lifted.

In fact it is only by the development and growth of the inner man that the existence of these Gates, and of that to which they admit, can be even perceived. While man is content with his gross senses and cares nothing for his subtile ones, the Gates remain literally invisible. As to the boor the gateway of the intellectual life is as a thing uncreate and non-existent, so to the man of the gross senses, even if his intellectual life is active, that which lies beyond is uncreate and non-existent, only because he does not open the book.

To the servant who dusts the scholar's library the closed volumes are meaningless; they do not even appear to contain a promise unless he also is a scholar, not merely a servant. It is possible to gaze throughout eternity upon a shut exterior from sheer indolence, — mental indolence, which is incredulity, and which at last men learn to pride themselves on; they call it scepticism, and talk of the reign of reason. It is no more a state to justify pride than that of the Eastern sybarite who will not even lift his food to his mouth; he is "reasonable" also in that he sees no value in activity, and therefore does not exercise it. So with the sceptic; decay follows the condition of inaction, whether it be mental, psychic, or physical.

III

And now let us consider how the initial
difficulty of fastening the interest on that
which is unseen is to be overcome. Our gross
senses refer only to that which is objective in
the ordinary sense of the word; but just beyond
this field of life there are finer sensations
which appeal to finer senses. Here we find
the first clew to the stepping-stones we need.
Man looks from this point of view like a point
where many rays or lines center; and if he
has the courage or the interest to detach himself
from the simplest form of life, the point, and
explore but a little way along these lines or
rays, his whole being at once inevitably widens
and expands, the man begins to grow in greatness. But it is evident, if we accept this illustration as a fairly true one, that the chief
point of importance is to explore no more
persistently on one line than another; else the
result must be a deformity. We all know how
powerful is the majesty and personal dignity
of a forest tree which has had air enough to

breathe, and room for its widening roots, and inner vitality with which to accomplish its unceasing task. It obeys the perfect natural law of growth, and the peculiar awe it inspires arises from this fact.

How is it possible to obtain recognition of the inner man, to observe its growth and foster it?

Let us try to follow a little way the clew we have obtained, though words will probably soon be useless.

We must each travel alone and without aids, as the traveller has to climb alone when he nears the summit of the mountain. No beast of burden can help him there; neither can the gross senses or anything that touches the gross senses help him here. But for a little distance words may go with us.

The tongue recognizes the value of sweetness or piquancy in food. To the man whose senses are of the simplest order there is no other idea of sweetness than this. But a finer essence, a more highly placed sensation of the same order, is reached by another perception.

The sweetness on the face of a lovely woman, or in the smile of a friend, is recognized by the man whose inner senses have even a little — a mere stirring of — vitality. To the one who has lifted the golden latch the spring of sweet waters, the fountain itself whence all softness arises, is opened and becomes part of his heritage.

But before this fountain can be tasted, or any other spring reached, any source found, a heavy weight has to be lifted from the heart, an iron bar which holds it down and prevents it from arising in its strength.

The man who recognizes the flow of sweetness from its source through Nature, through all forms of life, he has lifted this, he has raised himself into that state in which there is no bondage. He knows that he is a part of the great whole, and it is this knowledge which is his heritage. It is through the breaking asunder of the arbitrary bond which holds him to his personal center that he comes of age and becomes ruler of his kingdom. As he widens out, reaching by manifold experience along those lines which center at the point where he stands embodied, he discovers that he has touch with all life, that he contains within himself the whole. And then he has but to yield himself to the great force which we call good, to clasp it tightly with the grasp of his soul, and he is carried swiftly on to the great, wide waters of real living. What are those waters? In our present life we have but the shadow of the substance. No man loves without satiety, no man drinks wine without return of thirst. Hunger and longing darken the sky and make the earth unfriendly. What we need is an earth that will bear living fruit, a sky that will be always full of light. Needing this positively, we shall surely find it.

CHAPTER IV

THE MEANING OF PAIN

I

Look into the deep heart of life, whence pain comes to darken men's lives. She is always on the threshold, and behind her stands despair.

What are these two gaunt figures, and why are they permitted to be our constant followers?

It is we who permit them, we who order them, as we permit and order the action of our bodies; and we do so as unconsciously. But by scientific experiment and investigation we have learned much about our physical life, and it would seem as if we can obtain at least as much result with regard to our inner life by adopting similar methods.

Pain arouses, softens, breaks, and destroys. Regarded from a sufficiently removed standpoint, it appears as medicine, as a knife, as a weapon, as a poison, in turn. It is an implement, a thing which is used, evidently. What we desire to discover is, who is the user; what part of ourselves is it that demands the presence of this thing so hateful to the rest?

Medicine is used by the physician, the knife by the surgeon; but the weapon of destruction is used by the enemy, the hater.

Is it, then, that we do not only use means, or desire to use means, for the benefit of our souls, but that also we wage warfare within ourselves, and do battle in the inner sanctuary? It would seem so; for it is certain that if man's will relaxed with regard to it he would no longer retain life in that state in which pain exists. Why does he desire his own hurt?

The answer may at first sight seem to be that he primarily desires pleasure, and so is willing to continue on that battlefield where it wages war with pain for the possession of him, hoping always that pleasure will win the victory and take him home to herself. This is but the external aspect of the man's state. In himself he knows well that pain is co-ruler with pleasure, and that though the war wages always it never will be won. The superficial observer concludes that man submits to the inevitable. But that is a fallacy not worthy of discussion. A little serious thought shows us that man does not exist at all except by exercise of his positive qualities; it is but logical to suppose that he chooses the state he will live in by the exercise of those same qualities.

Granted, then, for the sake of our argument, that he desires pain, why is it that he desires anything so annoying to himself?

II

If we carefully consider the constitution of man and its tendencies, it would seem as if there were two definite directions in which he grows. He is like a tree which strikes its roots into the ground while it throws up young branches towards the heavens. These two lines which go outward from the central personal point are to him clear, definite, and intelligible. He calls one good and the other evil. But man is not, according to any analogy, observa-

tion, or experience, a straight line. Would
that he were, and that life, or progress, or
development, or whatever we choose to call it,
meant merely following one straight road or
another, as the religionists pretend it does.
The whole question, the mighty problem,
would be very easily solved then. But it is not
so easy to go to hell as preachers declare it
to be. It is as hard a task as to find one's
way to the Golden Gate. A man may wreck
himself utterly in sense-pleasure, — may debase
his whole nature, as it seems, — yet he fails
of becoming the perfect devil, for there is still
the spark of divine light within him. He tries
to choose the broad road which leads to
destruction, and enters bravely on his headlong
career. But very soon he is checked and
startled by some unthought-of tendency in
himself, — some of the many other radiations
which go forth from his center of self. He
suffers as the body suffers when it develops
monstrosities which impede its healthy action.
He has created pain, and encountered his own
creation. It may seem as if this argument is

difficult of application with regard to physical pain. Not so, if man is regarded from a loftier standpoint than that we generally occupy. If he is looked upon as a powerful consciousness which forms its external manifestations according to its desires, then it is evident that physical pain results from deformity in those desires. No doubt it will appear to many minds that this conception of man is too gratuitous, and involves too large a mental leap into unknown places where proof is unobtainable. But if the mind is accustomed to look upon life from this standpoint, then very soon none other is acceptable; the threads of existence, which to the purely materialistic observer appear hopelessly entangled, become separated and straightened, so that a new intelligibleness illumines the universe. The arbitrary and cruel Creator who inflicts pain and pleasure at will then disappears from the stage; and it is well, for he is indeed an unnecessary character, and, worse still, is a mere creature of straw, who cannot even strut upon the boards without being upheld on all sides by dogmatists. Man comes into this world, surely, on the same principle that he lives in one city of the earth or another; at all events, if it is too much to say that this is so, one may safely ask, why is it not so? There is neither for nor against which will appeal to the materialist, or which would weigh in a court of justice; but I aver this in favor of the argument, — that no man having once seriously considered it can go back to the formal theories of the sceptics. It is like putting on swaddling-clothes again.

Granting, then, for the sake of this argument, that man is a powerful consciousness who is his own creator, his own judge, and within whom lies all life in potentiality, even the ultimate goal, then let us consider why he causes himself to suffer.

If pain is the result of uneven development, of monstrous growths, of defective advance at different points, why does man not learn the lesson which this should teach him, and take pains to develop equally?

It would seem to me as if the answer to this question is that this is the very lesson

which the human race is engaged in learning.
Perhaps this may seem too bold a statement
to make in the face of ordinary thinking,
which either regards man as a creature of
chance dwelling in chaos, or as a soul bound
to the inexorable wheel of a tyrant's chariot
and hurried on either to heaven or to hell. But
such a mode of thought is after all but the
same as that of the child who regards his
parents as the final arbiters of his destinies,
and in fact the gods or demons of his universe.
As he grows he casts aside this idea, finding
that it is simply a question of coming of age,
and that he is himself the king of life like any
other man.

So it is with the human race. It is king of
its world, arbiter of its own destiny, and there
is none to say it nay. Who talk of Providence
and chance have not paused to think.

Destiny, the inevitable, does indeed exist
for the race and for the individual; but who
can ordain this save the man himself? There
is no clew in heaven or earth to the existence
of any ordainer other than the man who suffers

or enjoys that which is ordained. We know so little of our own constitution, we are so ignorant of our divine functions, that it is impossible for us yet to know how much or how little we are actually fate itself. But this at all events we know, — that so far as any provable perception goes, no clew to the existence of an ordainer has yet been discovered; whereas if we give but a very little attention to the life about us in order to observe the action of the man upon his own future, we soon perceive this power as an actual force in operation. It is visible, although our range of vision is so very limited.

The man of the world, pure and simple, is by far the best practical observer and philosopher with regard to life, because he is not blinded by any prejudices. He will be found always to believe that as a man sows so shall he reap. And this is so evidently true when it is considered, that if one takes the larger view, including all human life, it makes intelligible the awful Nemesis which seems consciously to pursue the human race, — that inexorable appearance of pain in the midst of pleasure. The great Greek poets saw this apparition so plainly that their recorded observation has given to us younger and blinder observers the idea of it. It is unlikely that so materialistic a race as that which has grown up all over the West would have discovered for itself the existence of this terrible factor in human life without the assistance of the older poets, — the poets of the past. And in this we may notice, by the way, one distinct value of the study of the classics, — that the great ideas and facts about human life which the superb ancients put into their poetry shall not be absolutely lost as are their arts. No doubt the world will flower again, and greater thoughts and more profound discoveries than those of the past will be the glory of the men of the future efflorescence; but until that far-off day comes we cannot prize too dearly the treasures left us.

There is one aspect of the question which seems at first sight positively to negative this mode of thought; and that is the suffering in the apparently purely physical body of the dumb beings, — young children, idiots, animals, — and their desperate need of the power which comes of any sort of knowledge to help them through their sufferings.

The difficulty which will arise in the mind with regard to this comes from the untenable idea of the separation of the soul from the body. It is supposed by all those who look only at material life (and especially by the physicians of the flesh) that the body and the brain are a pair of partners who live together hand in hand and react one upon another. Beyond that they recognize no cause and therefore allow of none. They forget that the brain and the body are as evidently mere mechanism as the hand or the foot. There is the inner man — the soul — behind, using all these mechanisms; and this is as evidently the truth with regard to all the existences we know of as with regard to man himself. We cannot find any point in the scale of being at which soul-causation ceases or can cease. The dull oyster must have that in him which makes him choose

the inactive life he leads; none else can choose
it for him but the soul behind, which makes
him be. How else can he be where he is, or be
at all? Only by the intervention of an impossible creator called by some name or other.

It is because man is so idle, so indisposed
to assume or accept responsibility, that he falls
back upon this temporary makeshift of a
creator. It is temporary indeed, for it can only
last during the activity of the particular brain
power which finds its place among us. When
the man drops this mental life behind him,
he of necessity leaves with it its magic lantern
and the pleasant illusions he has conjured up
by its aid. That must be a very uncomfortable
moment, and must produce a sense of naked-
ness not to be approached by any other sensation. It would seem as well to save one's
self this disagreeable experience by refusing to
accept unreal phantasms as things of flesh
and blood and power. Upon the shoulders of
the Creator man likes to thrust the responsibility not only of his capacity for sinning and
the possibility of his salvation, but of his very

life itself, his very consciousness. It is a poor
Creator that he thus contents himself with, —
one who is pleased with a universe of puppets,
and amused by pulling their strings. If he is
capable of such enjoyment, he must yet be in
his infancy. Perhaps that is so, after all; the
God within us is in his infancy, and refuses
to recognize his high estate. If indeed the soul
of man is subject to the laws of growth, of
decay, and of re-birth as to its body, then there
is no wonder at its blindness. But this is
evidently not so; for the soul of man is of that
order of life which causes shape and form,
and is unaffected itself by these things, — of
that order of life which like the pure, the
abstract flame burns wherever it is lit. This
cannot be changed or affected by time, and is
of its very nature superior to growth and
decay. It stands in that primeval place which
is the only throne of God, — that place whence
forms of life emerge and to which they return.
That place is the central point of existence,
where there is a permanent spot of life as
there is in the midst of the heart of man. It

is by the equal development of that, — first
by the recognition of it, and then by its equal
development upon the many radiating lines of
experience, — that man is at last enabled to
reach the Golden Gate and lift the latch. The
process is the gradual recognition of the god
in himself; the goal is reached when that
godhood is consciously restored to its right
glory.

III

The first thing which it is necessary for the
soul of man to do in order to engage in this
great endeavor of discovering true life is the
same thing that the child first does in its desire
for activity in the body, — he must be able to
stand. It is clear that the power of standing,
of equilibrium, of concentration, of upright-
ness, in the soul, is a quality of a marked character. The word that presents itself most
readily as descriptive of this quality is
"confidence."

To remain still amid life and its changes,
and stand firmly on the chosen spot, is a feat

which can only be accomplished by the man who has confidence in himself and in his destiny. Otherwise the hurrying forms of life, the rushing tide of men, the great floods of thought, must inevitably carry him with them, and then he will lose that place of consciousness whence it was possible to start on the great enterprise. For it *must* be done knowingly, and without pressure from without, — this act of the new-born man. All the great ones of the earth have possessed this confidence, and have stood firmly on that place which was to them the one solid spot in the universe. To each man this place is of necessity different. Each man must find his own earth and his own heaven.

We have the instinctive desire to relieve pain, but we work in externals in this as in everything else. We simply alleviate it; and if we do more, and drive it from its first chosen stronghold, it reappears in some other place with reinforced vigor. If it is eventually driven off the physical plane by persistent and successful effort, it reappears on the mental or emotional planes where no man can touch it. That this is so is easily seen by those who connect the various planes of sensation, and who observe life with that additional illumination. Men habitually regard these different forms of feeling as actually separate, whereas in fact they are evidently only different sides of one center, — the point of personality. If that which arises in the center, the fount of life, demands some hindered action, and consequently causes pain, the force thus created being driven from one stronghold must find another; it cannot be driven out. And all the blendings of human life which cause emotion and distress exist for its use and purposes as well as for those of pleasure. Both have their home in man; both demand their expression of right. The marvellously delicate mechanism of the human frame is constructed to answer to their lightest touch; the extraordinary intricacies of human relations evolve themselves, as it were, for the satisfaction of these two great opposites of the soul.

Pain and pleasure stand apart and separate,

as do the two sexes; and it is in the merging, the making the two into one, that joy and deep sensation and profound peace are obtained. Where there is neither male nor female, neither pain nor pleasure, there is the god in man dominant, and then is life real.

To state the matter in this way may savor too much of the dogmatist who utters his assertions uncontradicted from a safe pulpit; but it is dogmatism only as a scientist's record of effort in a new direction is dogmatism. Unless the existence of the Gates of Gold can be proved to be real, and not the mere phantasmagoria of fanciful visionaries, then they are not worth talking about at all. In the nineteenth century hard facts or legitimate arguments alone appeal to men's minds; and so much the better. For unless the life we advance towards is increasingly real and actual, it is worthless, and time is wasted in going after it. Reality is man's greatest need, and he demands to have it at all hazards, at any price. Be it so. No one doubts he is right. Let us then go in search of reality.

IV

One definite lesson learned by all acute sufferers will be of the greatest service to us in this consideration. In intense pain a point is reached where it is indistinguishable from its opposite, pleasure. This is indeed so, but few have the heroism or the strength to suffer to such a far point. It is as difficult to reach it by the other road. Only a chosen few have the gigantic capacity for pleasure which will enable them to travel to its other side. Most have but enough strength to enjoy and to become the slave of the enjoyment. Yet man has undoubtedly within himself the heroism needed for the great journey; else how is it that martyrs have smiled amid the torture? How is it that the profound sinner who lives for pleasure can at last feel stir within himself the divine afflatus?

In both these cases the possibility has arisen of finding the way; but too often that possibility is killed by the overbalance of the startled nature. The martyr has acquired a

passion for pain and lives in the idea of heroic
suffering; the sinner becomes blinded by the
thought of virtue and worships it as an end,
an object, a thing divine in itself; whereas it
can only be divine as it is part of that infinite
whole which includes vice as well as virtue.
How is it possible to divide the infinite, —
that which is one? It is as reasonable to lend
divinity to any object as to take a cup of water
from the sea and declare that in that is contained the ocean. You cannot separate the
ocean; the salt water is part of the great sea
and must be so; but nevertheless you do not
hold the sea in your hand. Men so longingly
desire personal power that they are ready to
put infinity into a cup, the divine idea into a
formula, in order that they may fancy themselves in possession of it. These only are those
who cannot rise and approach the Gates of
Gold, for the great breath of life confuses
them; they are struck with horror to find how
great it is. The idol-worshipper keeps an
image of his idol in his heart and burns a
candle always before it. It is his own, and he

is pleased at that thought, even if he bow in reverence before it. In how many virtuous and religious men does not this same state exist? In the recesses of the soul the lamp is burning before a household god, — a thing possessed by its worshipper and subject to him. Men cling with desperate tenacity to these dogmas, these moral laws, these principles and modes of faith which are their household gods, their personal idols. Bid them burn the unceasing flame in reverence only to the infinite, and they turn from you. Whatever their manner of scorning your protest may be, within themselves it leaves a sense of aching void. For the noble soul of the man, that potential king which is within us all, knows full well that this household idol may be cast down and destroyed at any moment, — that it is without finality in itself, without any real and absolute life. And he has been content in his possession, forgetting that anything possessed can only by the immutable laws of life be held temporarily. He has forgotten that the infinite is his only friend; he has forgotten that in its

glory is his only home, — that it alone can be
his god. There he feels as if he is homeless;
but that amid the sacrifices he offers to
his own especial idol there is for him a brief
resting-place; and for this he clings passionately to it.

Few have the courage even slowly to face
the great desolateness which lies outside themselves, and must lie there so long as they cling
to the person which they represent, the "I"
which is to them the center of the world, the
cause of all life. In their longing for a God
they find the reason for the existence of one;
in their desire for a sense-body and a world to
enjoy in, lies to them the cause of the universe.
These beliefs may be hidden very deep beneath
the surface, and be indeed scarcely accessible;
but in the fact that they are there is the reason
why the man holds himself upright. To himself
he is himself the infinite and the God; he
holds the ocean in a cup. In this delusion he
nurtures the egoism which makes life pleasure
and makes pain pleasant. In this profound
egoism is the very cause and source of the

existence of pleasure and of pain. For unless man vacillated between these two, and ceaselessly reminded himself by sensation that he exists, he would forget it. And in this fact lies the whole answer to the question, "Why does man create pain for his own discomfort?"

The strange and mysterious fact remains unexplained as yet, that man in so deluding himself is merely interpreting Nature backwards and putting into the words of death the meaning of life. For that man does indeed hold within him the infinite, and that the ocean is really in the cup, is an incontestable truth; but it is only so because the cup is absolutely non-existent. It is merely an experience of the infinite, having no permanence, liable to be shattered at any instant. It is in the claiming of reality and permanence for the four walls of his personality, that man makes the vast blunder which plunges him into a prolonged series of unfortunate incidents, and intensifies continually the existence of his favorite forms of sensation. Pleasure and pain become to him more real than the great ocean of which he is a part and where his home is; he perpetually knocks himself painfully against these walls where he feels, and his tiny self oscillates within his chosen prison.

CHAPTER V

I

STRENGTH to step forward is the primary need of him who has chosen his path. Where is this to be found? Looking round, it is not hard to see where other men find their strength. Its source is profound conviction. Through this great moral power is brought to birth in the natural life of the man that which enables him, however frail he may be, to go on and conquer. Conquer what? Not continents, not worlds, but himself. Through that supreme victory is obtained the entrance to the whole, where all that might be conquered and obtained by effort becomes at once not his, but himself.

To put on armor and go forth to war, taking the chances of death in the hurry of the fight, is an easy thing; to stand still amid the jangle of the world, to preserve stillness within the turmoil of the body, to hold silence amid the thousand cries of the senses and

[78]

desires, and then, stripped of all armor and without hurry or excitement take the deadly serpent of self and kill it, is no easy thing. Yet that is what has to be done; and it can only be done in the moment of equilibrium when the enemy is disconcerted by the silence.

But there is needed for this supreme moment a strength such as no hero of the battlefield needs. A great soldier must be filled with the profound convictions of the justness of his cause and the rightness of his method. The man who wars against himself and wins the battle can do it only when he knows that in that war he is doing the one thing which is worth doing, and when he knows that in doing it he is winning heaven and hell as his servitors. Yes, he stands on both. He needs no heaven where pleasure comes as a long-promised reward; he fears no hell where pain waits to punish him for his sins. For he has conquered once for all that shifting serpent in himself which turns from side to side in its constant desire of contact, in its perpetual search after pleasure and pain. Never again

[79]

(the victory once really won) can he tremble or grow exultant at any thought of that which the future holds. Those burning sensations which seemed to him to be the only proofs of his existence are his no longer. How, then, can he know that he lives? He knows it only by argument. And in time he does not care to argue about it. For him there is then peace; and he will find in that peace the power he has coveted. Then he will know what is that faith which can remove mountains.

II

Religion holds a man back from the path, prevents his stepping forward, for various very plain reasons. First, it makes the vital mistake of distinguishing between good and evil. Nature knows no such distinction; and the moral and social laws set us by our religions are as temporary, as much a thing of our own special mode and form of existence, as are the moral and social laws of the ants or the bees. We pass out of that state in which these things appear to be final, and we forget them forever. This is easily shown, because a man of broad habits of thought and of intelligence must modify his code of life when he dwells among another people. These people among whom he is an alien have their own deep-rooted religions and hereditary convictions, against which he cannot offend. Unless his is an abjectly narrow and unthinking mind, he sees that their form of law and order is as good as his own. What then can he do but reconcile his conduct gradually to their rules? And then if he dwells among them many years the sharp edge of difference is worn away, and he forgets at last where their faith ends and his commences. Yet is it for his own people to say he has done wrong, if he has injured no man and remained just?

I am not attacking law and order; I do not speak of these things with rash dislike. In their place they are as vital and necessary as the code which governs the life of a beehive is to its successful conduct. What I wish to point out is that law and order in themselves

[81]

are quite temporary and unsatisfactory. When a man's soul passes away from its brief dwelling-place, thoughts of law and order do not accompany it. If it is strong, it is the ecstasy of true being and real life which it becomes possessed of, as all know who have watched by the dying. If the soul is weak, it faints and fades away, overcome by the first flush of the new life.

Am I speaking too positively? Only those who live in the active life of the moment, who have not watched beside the dead and dying, who have not walked the battlefield and looked in the faces of men in their last agony, will say so. The strong man goes forth from his body exultant.

Why? Because he is no longer held back and made to quiver by hesitation. In the strange moment of death he has had release given him; and with a sudden passion of delight he recognizes that it is release. Had he been sure of this before, he would have been a great sage, a man to rule the world, for he would have had the power to rule

himself and his own body. That release from
the chains of ordinary life can be obtained as
easily during life as by death. It only needs a
sufficiently profound conviction to enable the
man to look on his body with the same emotions as he would look on the body of another
man, or on the bodies of a thousand men. In
contemplating a battlefield it is impossible to
realize the agony of every sufferer; why, then,
realize your own pain more keenly than
another's? Mass the whole together, and look
at it all from a wider standpoint than that
of the individual life. That you actually feel
your own physical wound is a weakness of
your limitation. The man who is developed
psychically feels the wound of another as
keenly as his own, and does not feel his own
at all if he is strong enough to will it so.
Every one who has examined at all seriously
into psychic conditions knows this to be a fact,
more or less marked, according to the psychic
development. In many instances the psychic is
more keenly and selfishly aware of his own
pain than of any other person's; but that is

when the development, marked perhaps so far as it has gone, only reaches a certain point. It is the power which carries the man to the margin of that consciousness which is profound peace and vital activity. It can carry him no further. But if he has reached its margin he is freed from the paltry dominion of his own self. That is the first great release. Look at the sufferings which come upon us from our narrow and limited experience and sympathy. We each stand quite alone, a solitary unit, a pygmy in the world. What good fortune can we expect? The great life of the world rushes by, and we are in danger each instant that it will overwhelm us or even utterly destroy us. There is no defence to be offered to it; no opposition army can be set up, because in this life every man fights his own battle against every other man, and no two can be united under the same banner. There is only one way of escape from this terrible danger which we battle against every hour. Turn round, and instead of standing against the forces, join them; become one with Nature, and go easily upon her path. Do not resist or resent the circumstances of life any more than the plants resent the rain and the wind. Then suddenly, to your own amazement, you find you have time and strength to spare, to use in the great battle which it is inevitable every man must fight, — that in himself, that which leads to his own conquest.

Some might say, to his own destruction. And why? Because from the hour when he first tastes the splendid reality of living he forgets more and more his individual self. No longer does he fight for it, or pit its strength against the strength of others. No longer does he care to defend or to feed it. Yet when he is thus indifferent to its welfare, the individual self grows more stalwart and robust, like the prairie grasses and the trees of untrodden forests. It is a matter of indifference to him whether this is so or not. Only, if it is so, he has a fine instrument ready to his hand; and in due proportion to the completeness of his indifference to it is the strength and beauty of his personal self. This is readily seen; a

[85]

garden flower becomes a mere degenerate copy of itself if it is simply neglected; a plant must be cultivated to the highest pitch, and benefit by the whole of the gardener's skill, or else it must be a pure savage, wild, and fed only by the earth and sky. Who cares for any intermediate state? What value or strength is there in the neglected garden rose which has the canker in every bud? For diseased or dwarfed blossoms are sure to result from an arbitrary change of condition, resulting from the neglect of the man who has hitherto been the providence of the plant in its unnatural life. But there are wind-blown plains where the daisies grow tall, with moon faces such as no cultivation can produce in them. Cultivate, then, to the very utmost; forget no inch of your garden ground, no smallest plant that grows in it; make no foolish pretence nor fond mistake in the fancy that you are ready to forget it, and so subject it to the frightful consequences of half-measures. The plant that is watered today and forgotten tomorrow must dwindle or decay. The plant that looks for no

help but from Nature itself measures its
strength at once, and either dies and is
re-created or grows into a great tree whose
boughs fill the sky. But make no mistake like
the religionists and some philosophers; leave
no part of yourself neglected while you know
it to be yourself. While the ground is the
gardener's it is his business to tend it; but
some day a call may come to him from another
country or from death itself, and in a moment
he is no longer the gardener, his business is at
an end, he has no more duty of that kind
at all. Then his favorite plants suffer and die,
and the delicate ones become one with the
earth. But soon fierce Nature claims the place
for her own, and covers it with thick grass or
giant weeds, or nurses some sapling in it
till its branches shade the ground. Be warned,
and tend your garden to the utmost, till you can
pass away utterly and let it return to Nature
and become the wind-blown plain where the
wild-flowers grow. Then, if you pass that way
and look at it, whatever has happened will
neither grieve nor elate you. For you will be

able to say, "I am the rocky ground, I am the great tree, I am the strong daisies," indifferent which it is that flourishes where once your rose-trees grew. But you must have learned to study the stars to some purpose before you dare to neglect your roses, and omit to fill the air with their cultivated fragrance. You must know your way through the trackless air, and from thence to the pure ether; you must be ready to lift the bar of the Golden Gate.

Cultivate, I say, and neglect nothing. Only remember, all the while you tend and water, that you are impudently usurping the tasks of Nature herself. Having usurped her work, you must carry it through until you have reached a point when she has no power to punish you, when you are not afraid of her, but can with a bold front return her her own. She laughs in her sleeve, the mighty mother, watching you with covert, laughing eye, ready relentlessly to cast the whole of your work into the dust if you do but give her the chance, if you turn idler and grow careless. The idler is father of the madman in the sense that the

child is the father of the man. Nature has
put her vast hand on him and crushed the
whole edifice. The gardener and his rose-trees
are alike broken and stricken by the great
storm which her movement has created; they
lie helpless till the sand is swept over them
and they are buried in a weary wilderness.
From this desert spot Nature herself will
re-create, and will use the ashes of the man
who dared to face her as indifferently as the
withered leaves of his plants. His body, soul,
and spirit are all alike claimed by her.

III

The man who is strong, who has resolved
to find the unknown path, takes with the
utmost care every step. He utters no idle word,
he does no unconsidered action, he neglects no
duty or office however homely or however
difficult. But while his eyes and hands and
feet are thus fulfilling their tasks, new eyes
and hands and feet are being born within

him. For his passionate and unceasing desire
is to go that way on which the subtile organs
only can guide him. The physical world he has
learned, and knows how to use; gradually his
power is passing on, and he recognizes the
psychic world. But he has to learn this world
and know how to use it, and he dare not lose
hold of the life he is familiar with till he has
taken hold of that with which he is unfa-
miliar. When he has acquired such power
with his psychic organs as the infant has with
its physical organs when it first opens its lungs,
then is the hour for the great adventure. How
little is needed — yet how much that is! The
man does but need the psychic body to be
formed in all parts, as is an infant's; he does
but need the profound and unshakable conviction which impels the infant, that the new
life is desirable. Once those conditions gained
and he may let himself live in the new atmosphere and look up to the new sun. But then
he must remember to check his new experience
by the old. He is breathing still, though differ-
ently; he draws air into his lungs, and takes

life from the sun. He has been born into the psychic world, and depends now on the psychic air and light. His goal is not here: this is but a subtile repetition of physical life; he has to pass through it according to similar laws. He must study, learn, grow, and conquer; never forgetting the while that his goal is that place where there is no air nor any sun or moon.

Do not imagine that in this line of progress the man himself is being moved or changing his place. Not so. The truest illustration of the process is that of cutting through layers of crust or skin. The man, having learned his lesson fully, casts off the physical life; having learned his lesson fully, casts off the psychic life; having learned his lesson fully, casts off the contemplative life, or life of adoration.

All are cast aside at last, and he enters the great temple where any memory of self or sensation is left outside as the shoes are cast from the feet of the worshipper. That temple is the place of his own pure divinity, the central flame which, however obscured, has animated him through all these struggles. And having found this sublime home he is sure as the heavens themselves. He remains still, filled with all knowledge and power. The outer man, the adoring, the acting, the living personification, goes its own way hand in hand with Nature, and shows all the superb strength of the savage growth of the earth, lit by that instinct which contains knowledge. For in the inmost sanctuary, in the actual temple, the man has found the subtile essence of Nature herself. No longer can there be any difference between them or any half-measures. And now comes the hour of action and power. In that inmost sanctuary all is to be found: God and his creatures, the fiends who prey on them, those among men who have been loved, those who have been hated. Difference between them exists no longer. Then the soul of man laughs in its strength and fearlessness, and goes forth into the world in which its actions are needed, and causes these actions to take place without apprehension, alarm, fear, regret, or joy.

This state is possible to man while yet he

lives in the physical; for men have attained it while living. It alone can make actions in the physical divine and true.

Life among objects of sense must forever be an outer shape to the sublime soul, — it can only become powerful life, the life of accomplishment, when it is animated by the crowned and indifferent god that sits in the sanctuary.

The obtaining of this condition is so supremely desirable because from the moment it is entered there is no more trouble, no more anxiety, no more doubt or hesitation. As a great artist paints his picture fearlessly and never committing any error which causes him regret, so the man who has formed his inner self deals with his life.

But that is when the condition is entered. That which we who look towards the mountains hunger to know is the mode of entrance and the way to the Gate. The Gate is that Gate of Gold barred by a heavy bar of iron. The way to the threshold of it turns a man giddy and sick. It seems no path, it seems to end perpetually, its way lies along hideous precipices, it loses itself in deep waters.

Once crossed and the way found it appears wonderful that the difficulty should have looked so great. For the path where it disappears does but turn abruptly, its line upon the precipice edge is wide enough for the feet, and across the deep waters that look so treacherous there is always a ford and a ferry. So it happens in all profound experiences of human nature. When the first grief tears the heart asunder it seems that the path has ended and a blank darkness taken the place of the sky. And yet by groping the soul passes on, and that difficult and seemingly hopeless turn in the road is passed.

So with many another form of human torture. Sometimes throughout a long period or a whole lifetime the path of existence is perpetually checked by what seem like insurmountable obstacles. Grief, pain, suffering, the loss of all that is beloved or valued, rise up before the terrified soul and check it at every turn. Who places those obstacles there? The reason shrinks at the childish dramatic picture which the religionists place before it, — God permitting the Devil to torment His creatures for their ultimate good! When will that ultimate good be attained? The idea involved in this picture supposes an end, a goal. There is none. We can any one of us safely assent to that; for as far as human observation, reason, thought, intellect, or instinct can reach towards grasping the mystery of life, all data obtained show that the path is endless and that eternity cannot be blinked and converted by the idling soul into a million years.

In man, taken individually or as a whole, there clearly exists a double constitution. I am speaking roughly now, being well aware that the various schools of philosophy cut him up and subdivide him according to their several theories. What I mean is this: that two great tides of emotion sweep through his nature, two great forces guide his life; the one makes him an animal, and the other makes him a god. No brute of the earth is so brutal as, the man who subjects his godly power to his animal power.

This is a matter of course, because the whole force of the double nature is then used in one direction. The animal pure and simple obeys his instincts only and desires no more than to gratify his love of pleasure; he pays but little regard to the existence of other beings except in so far as they offer him pleasure or pain; he knows nothing of the abstract love of cruelty or of any of those vicious tendencies of the human being which have in themselves their own gratification. Thus the man who becomes a beast has a million times the grasp of life over the natural beast, and that which in the pure animal is sufficiently innocent enjoyment, uninterrupted by an arbitrary moral standard, becomes in him vice, because it is gratified on principle. Moreover he turns all the divine powers of his being into this channel, and degrades his soul by making it the slave of his senses. The god, deformed and disguised, waits on the animal and feeds it.

Consider then whether it is not possible to change the situation. The man himself is king of the country in which this strange spectacle

is seen. He allows the beast to usurp the place
of the god because for the moment the beast
pleases his capricious royal fancy the most. This
cannot last always; why let it last any longer?
So long as the animal rules there will be the
keenest sufferings in consequence of change,
of the vibration between pleasure and pain,
of the desire for prolonged and pleasant
physical life. And the god in his capacity of
servant adds a thousand-fold to all this, by
making physical life so much more filled with
keenness of pleasure, — rare, voluptuous,
aesthetic pleasure, — and by intensity of pain
so passionate that one knows not where it
ends and where pleasure commences. So
long as the god serves, so long the life of
the animal will be enriched and increasingly
valuable. But let the king resolve to change
the face of his court and forcibly evict the animal from the chair of state, restoring the god
to the place of divinity.

Ah, the profound peace that falls upon the
palace! All is indeed changed. No longer is
there the fever of personal longings or desires,

no longer is there any rebellion or distress, no longer any hunger for pleasure or dread of pain. It is like a great calm descending on a stormy ocean; it is like the soft rain of summer falling on parched ground; it is like the deep pool found amidst the weary, thirsty labyrinths of the unfriendly forest.

But there is much more than this. Not only is man more than an animal because there is the god in him, but he is more than a god because there is the animal in him.

Once force the animal into his rightful place, that of the inferior, and you find yourself in possession of a great force hitherto unsuspected and unknown. The god as servant adds a thousand-fold to the pleasures of the animal; the animal as servant adds a thousand-fold to the powers of the god. And it is upon the union, the right relation of these two forces in himself, that man stands as a strong king, and is enabled to raise his hand and lift the bar of the Golden Gate. When these forces are unfitly related, then the king is but a crowned voluptuary, without power, and whose dignity does but mock him; for the animals, undivine, at least know peace and are not torn by vice and despair.

That is the whole secret. That is what makes man strong, powerful, able to grasp heaven and earth in his hands. Do not fancy it is easily done. Do not be deluded into the idea that the religious or the virtuous man does it! Not so. They do no more than fix a standard, a routine, a law, by which they hold the animal in check. The god is compelled to serve him in a certain way, and does so, pleasing him with the beliefs and cherished fantasies of the religious, with the lofty sense of personal pride which makes the joy of the virtuous. These special and canonized vices are things too low and base to be possible to the pure animal, whose only inspirer is Nature herself, always fresh as the dawn. The god in man, degraded, is a thing unspeakable in its infamous power of production.

The animal in man, elevated, is a thing unimaginable in its great powers of service and of strength.

[99]

You forget, you who let your animal self live on, merely checked and held within certain bounds, that it is a great force, an integral portion of the animal life of the world you live in. With it you can sway men, and influence the very world itself, more or less perceptibly according to your strength. The god, given his right place, will so inspire and guide this extraordinary creature, so educate and develop it, so force it into action and recognition of its kind, that it will make you tremble when you recognize the power that has awakened within you. The animal in yourself will then be a king among the animals of the world.

This is the secret of the old-world magicians, who made Nature serve them and work miracles every day for their convenience. This is the secret of the coming race which Lord Lytton foreshadowed for us.

But this power can only be attained by giving the god the sovereignty. Make your animal ruler over yourself, and he will never rule others.

EPILOGUE

SECRETED and hidden in the heart of the world and in the heart of man is the light which can illumine all life, the future and the past. Shall we not search for it? Surely some must do so. And then perhaps those will add what is needed to this poor fragment of thought.

THROUGH THE GATES OF GOLD

From *The Path,* March, 1887

THE most notable book for guidance in Mysticism which has appeared since *Light on the Path* was written has just been published under the significant title of *Through the Gates of Gold.* Though the author's name is withheld, the occult student will quickly discern that it must proceed from a very high source. In certain respects the book may be regarded as a commentary on *Light on the Path.* The reader would do well to bear this in mind. Many things in that book will be made clear by the reading of this one, and one will be constantly reminded of that work, which has already become a classic in our literature. *Through the Gates of Gold* is a work to be kept constantly at hand for reference and study. It will surely take rank as one of the standard books of Theosophy.

The "Gates of Gold" represent the entrance to that realm of the soul unknowable through the physical perceptions, and the purpose of this work is to indicate some of the steps necessary to reach their threshold. Through its extraordinary beauty of style and the clearness of its statement it will appeal to a wider portion of the public than most works of a Theosophical character. It speaks to the Western World in its own language, and in this fact lies much of its value.

Those of us who have been longing for something "practical" will find it here, while it will probably come into the hands of thousands who know little or nothing of Theosophy, and thus meet wants deeply felt though unexpressed. There are also doubtless many, we fancy, who will be carried far along in its pages by its resistless logic until they encounter something which will give a rude shock to some of their old conceptions, which they have imagined as firmly based as upon a rock — a shock which may cause them to draw back in alarm, but from which they will not find it so easy to recover, and which will be likely to set them thinking seriously.

The titles of the five chapters of the book are, respectively, "The Search for Pleasure," "The Mystery of Threshold," "The Initial Effort," "The Meaning of Pain," and "The Secret of Strength." Instead of speculating upon mysteries that lie at the very end of man's destiny, and which cannot be approached by any manner of conjecture, the work very sensibly takes up that which lies next at hand, that which constitutes the first step to be taken if we are ever to take a second one, and teaches us its significance. At the outset we must cope with sensation and learn its nature and meaning. An important teaching of *Light on the Path* has been misread by many. We are not enjoined to kill out sensation, but to "kill out *desire* for sensation," which is something quite different. "Sensation, as we obtain it through the physical body, affords us all that induces us to live in that shape," says this work. The problem is, to extract the meaning which it holds for us. That is what existence is for. "If men will but pause and consider what lessons they have learned from pleasure and pain, much might be guessed of that strange thing which causes these effects."

"The question concerning results seemingly unknowable, that concerning the life beyond the Gates," is presented as one that has been asked throughout the ages, coming at the hour "when the flower of civilization had blown to its full, and when its petals are but slackly held together," the period when man reaches the greatest physical development of his cycle. It is then that in the distance a great glittering is seen, before which many drop their eyes bewildered and dazzled, though now and then one is found brave enough to gaze fixedly on this glittering, and to decipher something of the shape within it. "Poets and philosophers, thinkers and teachers, all those who are the 'elder brothers of the race' — have beheld this sight from time to time, and some among them have recognized in the bewildering glitter the outlines of the Gates of Gold."

[105]

Those Gates admit us to the sanctuary of man's own nature, to the place whence his life-power comes, and where he is priest of the shrine of life. It needs but a strong hand to push them open, we are told. "The courage to enter them is the courage to search the recesses of one's own nature without fear and without shame. In the fine part, the essence, the flavor of the man, is found the key which unlocks those great Gates."

The necessity of killing out the sense of separateness is profoundly emphasized as one of the most important factors in this process. We must divest ourselves of the illusions of the material life. "When we desire to speak with those who have tried the Golden Gates and pushed them open, then it is very necessary — in fact it is essential — to discriminate, and not bring into our life the confusions of our sleep. If we do, we are reckoned as madmen, and fall back into the darkness where there is no friend but chaos. This chaos has followed every effort of man that is written in history; after civilization has flowered, the flower falls and dies, and winter and darkness destroy it." In this last sentence is indicated the purpose of civilization. It is the blossoming of a race, with the purpose of producing a certain spiritual fruit; this fruit having ripened, then the degeneration of the great residuum begins, to be worked over and over again in the grand fermenting processes of reincarnation. Our great civilization is now flowering and in this fact we may read the reason for the extraordinary efforts to sow the seed of the Mystic Teachings wherever the mind of man may be ready to receive it.

In the "Mystery of Threshold," we are told that "only a man who has the potentialities in him both of the voluptuary and the stoic has any chance of entering the Golden Gates. He must be capable of testing and valuing to its most delicate fraction every joy existence has to give; and he must be capable of denying himself all pleasure, and that without suffering from the denial."

The fact that the way is different for each individual is finely set forth in "The Initial Effort," in the words that man "may burst the shell that holds him in darkness, tear the veil that hides him from the eternal, at any moment where it is easiest for him to do so; and most often this point will be where he least expects to find it." By this we may see the uselessness of laying down arbitrary laws in the matter.

The meaning of those important words, "All steps are necessary to make up the ladder," finds a wealth of illustration here. These sentences are particularly pregnant: "Spirit is not a gas created by matter, and we cannot create our future by forcibly using one material agent and leaving out the rest. Spirit is the great life on which matter rests, as does the rocky world on the free and fluid ether;

whenever we can break our limitations we find ourselves on that marvellous shore where Wordsworth
once saw the gleam of the gold." Virtue, being of
the material life, man has not the power to carry
it with him, "yet the aroma of his good deeds is a
far sweeter sacrifice than the odor of crime and
cruelty."

"To the one who has lifted the golden latch
the spring of sweet waters, the fountain itself whence
all softness arises, is opened and becomes part of
his heritage. But before this can be reached a heavy
weight has to be lifted from the heart, an iron bar
which holds it down and prevents it from arising
in its strength."

The author here wishes to show that there is
sweetness and light in occultism, and not merely a
wide dry level of dreadful Karma, such as some
Theosophists are prone to dwell on. And this sweetness and light may be reached when we discover
the iron bar and raising it shall permit the heart
to be free. This iron bar is what the Hindus call
"the knot of the heart"! In their scriptures they
talk of unloosing this knot, and say that when that
is accomplished freedom is near. But what is the
iron bar and the knot? is the question we must
answer. It is the astringent power of self — of
egotism — of the idea of separateness. This idea has
many strongholds. It holds its most secret court and
deepest counsels near the far removed depths and

center of the heart. But it manifests itself first, in that place which is nearest to our ignorant perceptions, where we see it first after beginning the search. When we assault and conquer it there it disappears. It has only retreated to the next row of outworks where for a time it appears not to our sight, and we imagine it killed, while it is laughing at our imaginary conquests and security. Soon again we find it and conquer again, only to have it again retreat. So we must follow it up if we wish to grasp it at last in its final stand just near the "kernel of the heart." There it has become "an iron bar that holds down the heart," and there only can the fight be really won. That disciple is fortunate who is able to sink past all the pretended outer citadels and seize at once this *personal devil* who holds the bar of iron, and there wage the battle. If won there, it is easy to return to the outermost places and take them by capitulation. This is very difficult, for many reasons. It is not a mere juggle of words to speak of this trial. It is a living tangible thing that can be met by any real student. The great difficulty of rushing at once to the center lies in the unimaginable terrors which assault the soul on its short journey there. This being so it is better to begin the battle on the outside in just the way pointed out in this book and *Light on the Path*, by testing experience and learning from it.

In the lines quoted the author attempts to direct

the eyes of a very materialistic age to the fact which is an accepted one by all true students of occultism, that the true heart of a man — which is visibly represented by the muscular heart — is the focus point for spirit, for knowledge, for power; and that from that point the converged rays begin to spread out fan-like, until they embrace the Universe. So it is the Gate. And it is just at that neutral spot of concentration that the pillars and the doors are fixed. It is beyond it that the glorious golden light burns, and throws up a "burnished glow." We find in this the same teachings as in the Upanishads. The latter speaks of "the ether which is within the heart," and also says that we must pass across that ether.

"The Meaning of Pain" is considered in a way which throws a great light on the existence of that which for ages has puzzled many learned men. "Pain arouses, softens, breaks, and destroys. Regarded from a sufficiently removed standpoint, it appears as a medicine, as a knife, as a weapon, as a poison, in turn. It is an implement, a thing which is used, evidently. What we desire to discover is, who is the user; what part of ourselves is it that demands the presence of this thing so hateful to the rest?"

The task is, to rise above both pain and pleasure and unite them to our service. "Pain and pleasure stand apart and separate, as do the two sexes; and it is in the merging, the making the two into one, that joy and deep sensation and profound peace are obtained. Where there is neither male nor female, neither pain nor pleasure, there is the god in man dominant, and then is life real."

The following passage can hardly fail to startle many good people: "Destiny, the inevitable, does indeed exist for the race and for the individual; but who can ordain this save the man himself? There is no clew in heaven or earth to the existence of any ordainer other than the man who suffers or enjoys that which is ordained." But can any earnest student of Theosophy deny, or object to this? Is it not a pure statement of the law of Karma? Does it not agree perfectly with the teaching of the Bhagavat-Gita? There is surely no power which sits apart like a judge in court, and fines us or rewards us for this misstep or that merit; it is we who shape, or ordain, our own future.

God is not denied. The seeming paradox that a God exists within each man is made clear when we perceive that our separate existence is an illusion; the physical, which makes us separate individuals, must eventually fall away, leaving each man one with all men, and with God, who is the Infinite.

And the passage which will surely be widely misunderstood is that in "The Secret of Strength." "Religion holds a man back from the path, prevents his stepping forward, for various very plain reasons.

[111]

First, it makes the vital mistake of distinguishing between good and evil. Nature knows no such distinctions." Religion is always man-made. It cannot therefore be the whole truth. It is a good thing for the ordinary and outside man, but surely it will never bring him to the Gates of Gold. If religion be of God how is it that we find that same God in his own works and acts violating the precepts of religion? He kills each man once in life; every day the fierce elements and strange circumstances which he is said to be the author of, bring on famine, cold and innumerable untimely deaths; where then, in The True, can there be any room for such distinctions as right and wrong? The disciple must, as he walks on the path, abide by law and order, but if he pins his faith on any religion whatever he will stop at once, and it makes no matter whether he sets up Mahatmas, Gods, Krishna, Vedas or mysterious acts of grace, each of these will stop him and throw him into a rut from which even heavenly death will not release him. Religion can only teach morals and ethics. It cannot answer the question "what am I?" The Buddhist ascetic holds a fan before his eyes to keep away the sight of objects condemned by his religion. But he thereby gains no knowledge, for that part of him which is affected by the improper sights has to be known by the man himself, and it is by experience alone that the knowledge can be possessed and assimilated.

The book closes gloriously, with some hints that have been much needed. Too many, even of the sincerest students of occultism, have sought to ignore that one-half of their nature, which is here taught to be necessary. Instead of crushing out the animal nature, we have here the high and wise teaching that we must learn to fully understand the animal and subordinate it to the spiritual. "The god in man, degraded, is a thing unspeakable in its infamous power of production. The animal in man, elevated, is a thing unimaginable in its great powers of service and of strength," and we are told that our animal self is a great force, the secret of the old-world magicians, and of the coming race which Lord Lytton foreshadowed. "But this power can only be attained by giving the god the sovereignty. Make your animal ruler over your self, and he will never rule others."

This teaching will be seen to be identical with that of the closing words of *The Idyll of the White Lotus:* "He will learn how to expound spiritual truths, and to enter into the life of his highest self, and he can learn also to hold within him the glory of that higher self, and yet to retain life upon this planet so long as it shall last, if need be; to retain life in the vigor of manhood, till his entire work is completed, and he has taught the three truths to all who look for light."

There are three sentences in the book which

[113]

ought to be imprinted in the reader's mind, and we present them inversely:

"Secreted and hidden in the heart of the world and the heart of man is the light which can illumine all life, the future and the past."

"On the mental steps of a million men Buddha passed through the Gates of Gold; and because a great crowd pressed about the threshold he was able to leave behind him words which prove that those gates will open."

"This is one of the most important factors in the development of man, the recognition — profound and complete recognition — of the law of universal unity and coherence."